PHP
Business Shinsho

1冊でまるわかり
50歳からの新NISA活用法

Haruhiro Nakano
中野　晴啓

JN110511

PHPビジネス新書

はじめに

なぜ「新しいNISA」が登場したのか

本書の狙いは、2024年1月にスタートする「新しいNISA」(以下、「新NISA」と呼ぶことにします)を使って、すでに50歳になっている人でも、無理なく、老後資金の不安を抱かずに済む資産形成を実現するにはどうすればいいのかを考えることにあります。

2022年5月、岸田文雄首相が英国・ロンドンの金融街であるシティで講演を行いました。その時、突然打ち出したのが「資産所得倍増プラン」です。**新NISAはその「資産所得倍増プラン」の中核となる制度**で、同年12月に自民党・公明党によって発表された「令和5年度税制改正大綱《たいこう》」に盛り込まれました。

その名前からは、1960年、当時の池田勇人《はやと》首相が打ち出した「国民所得倍増計画」が思い起こされます。

国民所得倍増計画は、国民総生産（GNP）を10年以内に26兆円へと倍増させ、国民の生活水準を西欧諸国と同じにするという長期経済計画でした。そして実際に、実質国民総生産は約4年で、一人あたり実質国民所得は約7年で倍増しました。高度経済成長といわれる当時の日本経済の勢いが窺《うかが》えます。

しかし、成熟社会に入って久しい今の日本に10年間で国民所得を倍増させられるだけの経済力はありません。周知の通り、日本の人口は減少傾向をたどっているからです。

特に、働き、消費を活発に行う世代の人口減少が著《いちじる》しく、そのなかで日本が一定の経済力を維持していくためには、AIの導入やIoT、DXなどの推進によって生産性を高める必要があります。その実現に向けて、各企業が経営努力を行っている最中です。

しかし、それらを実現したとしても、日本の経済規模が今後10年間で倍になることは、恐らくないでしょう。そのくらい、人口が減ることは経済にとってネガティブな要因なのです。

ただ日本には、これまでの経済成長によって築き上げてきた莫大《ばくだい》な資産があります。たとえば日本の企業や政府などが海外に持っている資産から、海外の企業や政府などが日本国内に保有している資産を差し引いた「対外純資産」の額は、２０２１年末時点で４１１兆１８４１億円もあり、これは31年連続で世界最大です。また、日本の個人は２０００兆円を超える金融資産を保有しています。

これらの**資産を積極的に運用することを通じて得られる利益を倍増させるのが、資産所得倍増プランの骨子《こつし》**です。経済規模を倍増させるのは不可能でも、金融資産から得られる所得を倍増させることはできるだろうという発想です。

新NISAがつくる新しい流れに乗ろう!

私は、**新NISAは日本経済の再生に直結する、日本再生プランの根幹**ともいうべき国策であると考えています。

現在、個人資産の大半は、預貯金という、ほとんど利息が得られないもので運用されています。その一部を、新NISAを活用して積立《つみたて》投資に回せば、金融所得を増やすことが期待できます。全国民が同じようにすれば、皆が等しく、恐らく金融資産における貧富の差が大きく広がることなく、一定水準の豊かさを享受《きょうじゅ》できるようになるでしょう。

ちなみに、2000年から2021年末までで、家計部門が保有している金融資産の額は、米国では約3・4倍、英国では約2・3倍に膨《ふく》らんだのに対し、日本ではたったの約1・4倍になったに過ぎません。

「所得」というと、普通は働くことによって得る勤労所得を指しますが、よく考えてみると、金融資産から得る金融所得も所得の一種です。両者を合わせた所得を増やす方向に舵《かじ》を切れば、日本全体の所得が向上していきます。

所得がこれからも増え続けるという期待が広く共有されれば、増えた所得が、預貯金ではなく、消費に回るようになります。そうなると、アベノミクスが行われてきたこの10年間でも全く喚起《かんき》されなかった個人消費に、ようやく火が点《つ》きます。

日本のGDPは過半が個人消費で占められていますから、そうなれば、日本のGDPも増えます。

また、個人の消費意欲に応《こた》えるために、各企業はより付加価値の高い商品やサービスの開発に努力するようになるでしょう。すると、企業の競争力が高まり、従業員の勤労所得も増えることになります。

このような流れをつくって、日本経済を今一度大きくしていこうというのが、資産所得倍増プランです。


このように好循環を始める日本経済の成長の恩恵を受けるためにも、新NISAを活用して資産運用をすることは重要です。

「50歳にもなったら、資産形成を始めるのはもう遅い」と考える必要はありません。

新NISAをフル活用して、50歳からでも、投資初心者でも、老後資金をつくれる方法を、これから述べていきましょう。

1冊でまるわかり

50歳からの新NISA活用法

目次

第1章

今こそ「本物の資産運用」を始めよう！

第2章

50歳からの資産運用に最適なのは「投資信託」

第3章

新NISAがいよいよ2024年1月にスタート！

アベノミクスで増えなかった個人消費が新NISAで増える!? 84
NISA・新NISAは確定拠出年金よりも自由度が高い 87
確定拠出年金の税制メリット 90
確定拠出年金の積立金額にも限度額がある 93
確定拠出年金も運用先の中心は投資信託 96

第4章 新NISAの正しい使い方

第5章

新NISAで購入するのに向かない投資信託の見分け方

第6章

50歳から老後資金をつくるための心得

第1章

今こそ「本物の資産運用」を始めよう！

「本物の資産運用」はインフレリスクをヘッジするためのもの

前々から私は、何冊となく出版してきた自著を通じて、資産運用の必要性を説いてきました。

「超高齢社会で年金財政が厳しくなるなか、個人も自助努力で資産形成をする必要がある」

「一人ひとりが投資することによって、結果的にお金が経済に回っていくようになる」

「預貯金では金利が低すぎて老後のための資産形成ができない」

「世の中のためになる企業に資金を供給する必要がある」

このような理由から資産運用の必要性を説いてきたのですが、今、ここに至って、いよいよ本当の意味で資産運用が必要になってきました。

周知の通り、２０２２年から世界的にインフレが続いているからです。

資産運用をする最大の目的は、インフレリスクをヘッジすることです。

インフレとは物価が急激に上昇することです。

たとえば、1年間で物価が3%上昇したとしましょう。その間、持っている資産のすべてを利率が年0・002%の預金で運用していたとすると、この1年間で、持っている資産の価値が2・998%も目減りしたことになります。

でも、1年間で物価が3%上昇したとしても、何がしかの形で資産を運用して、同じ期間中に3%以上のリターンを得ることができれば、資産価値を目減りさせずに済みます。

このように、資産運用によって物価上昇率以上のリターンを実現し、資産価値の目減りを抑えるのが、インフレヘッジです。

高度成長期でもインフレヘッジを考えなくてよかった理由

過去を振り返ると、私たち日本人の多くはこれまで、インフレリスクをヘッジするための資産運用をする必要性がほとんどありませんでした。

終戦直後、日本はハイパーインフレに見舞われましたが、その時の記憶がある人は大半が鬼籍《きせき》に入ってしまっています。

今、多くが後期高齢者（75歳以上）になっている団塊《だんかい》の世代は、戦後生まれの人たちです。

団塊の世代は、１９４７年から１９４９年に生まれた人を指しています。そして、その子どもたちの世代を「団塊ジュニア世代」といい、生まれ年でいうと１９７１年から１９７４年生まれが該当します。年齢的には今、48歳から52歳なので、まさに本書の対象読者層といっていいでしょう。

恐らく団塊ジュニア世代のなかには、ご両親から「株式投資なんて博打《ばくち》だ」とか、「株式投資で儲けるなんてロクでもない」などといわれた経験をお持ちの人もいるのではないでしょうか。なぜなら、皆さんのご両親は、投資のことなど考えなくても、十分に生活でき、かつ、老後の蓄えもある程度できたからです。

団塊の世代が22歳で社会に出て、60歳で定年を迎えたとすると、１９６９年から１９７１年で社会人になり、２００７年から２００９年あたりで定年を迎えています。そして、働き盛りというべき40～50歳の頃はバブル経済がピークを迎え、さらにそれが崩壊してからも、１９９０年代の半《なか》ばくらいまではバブル経済の残滓《ざんし》があったため、給与所得もある程度、増えていました。そのため、資産運用のことを考える必要はほとんどなかったのです。

平成のデフレ期は現金を持っているだけでよかった

１９９０年代半ば以降は、バブル崩壊による金融不安や長期的な不景気によって、会社員の給料がほとんど伸びない状況に陥《おちい》りました。国税庁の「民間給与実態統計調査」によると、日本人の平均給与は、１９９７年に４６７・３万円でピークをつけ、２０１８年には４４０・７万円へと減っています。平成の30年間を通じて、日本人は、少なくとも給与の面では、豊さを実感できない時間を過ごしたのです。

それでも多くの日本人が、運用で資産を増やそうという気にならなかったのは、物価がほとんど上がらず、時には前年比でマイナスになるデフレ経済に直面していたからです。２０２１年基準の消費者物価指数（総合）の数字を見ると、１９８９年度が87・7なのに対し、２０１８年度は99・6ですから、平成の30年間の平均で見ると、年０・４％しか上昇していなかったことになります。

デフレによって物価が下がる局面では、現金をそのまま持っているだけで資産価値が上がっていきます。日本人は平成の30年間を通じて、現金を持っているだけ、もしくはほとんど利息が得られない超低金利の預貯金に資産を預けっぱなしにしても、何ら問題がなかったのです。

よく、日本の個人は保有している金融資産の半分超を現預金にしているという話がされます。

日本銀行が定期的に発表している「資金循環統計」によると、2022年12月末時点における個人金融資産の総額は2023兆円で、そのうち55・2％にあたる1116兆円が現金・預金で保有されています。

このように、資産が現金・預金に偏在《へんざい》している点を指摘して、「日本人は保守的だからリスクを取らない」とか「日本人は農耕民族だから投資は苦手」といった適当な分析をする人もいますが、そうではなく、これまで日本人は、リスクを取った資産運用をせずとも、何とかやってこられたというだけのことなのです。

インフレヘッジをしなくていい時代は終わる

でも、恐らくこれからは、そんなことをいっていられない状況に直面するでしょう。

解決の兆《きざ》しが見えてこないウクライナとロシアの紛争は資源・エネルギー価格の上昇要因ですし、米国は世界中にデフレを輸出してきた中国をサプライチェーンから外そうとしています。中国でモノをつくらないようになれば、安い労働コストを活用できなくなる分だけ、物価に上昇圧力がかかります。

これに加えて日本の場合、再び円安が加速する事態になれば、輸入物価の上昇によって国内でインフレ懸念《けねん》が広がるでしょう。

このように考えると、**これからの時代、現金と預金に金融資産を集中させ続けると、インフレによって資産価値が目減りするリスクに直面する恐れがあります。**だからこそ、資産運用を真剣に考える必要があるのです。

老後のための資産形成は50歳からでも全然遅くない

五十の手習いならぬ、50歳からの資産運用と聞くと、多くの人は「もう遅い」と思うかもしれませんが、絶対にそんなことはありません。老後のための資産形成は50歳からスタートしても十分に間に合います。

なぜなら、「人生100年時代」だからです。

厚生労働省発表の数字によると、2022年の日本人の平均寿命は、男性が81・47歳、女性が87・57歳です。医療の発展によって、これらの数字はさらに上昇していくでしょう。

振り返ってみると、1990年の平均寿命は、男性が75・92歳、女性が81・90歳でした。32年間で、男性は5・55歳、女性は5・67歳も平均寿命が延びたのです。

かつては70歳くらいまで生きることを前提にして資産形成をすればよかったのですが、

これからは最低でも90歳、できれば100歳を前提にして資産形成をしていく必要があり

ます。

もうひとつ、注目しておきたい数字があります。それは「健康寿命」です。

健康寿命とは、「健康上の問題で日常生活が制限されることなく生活できる期間」のことです。厚生労働省の発表によると、２０１９年の健康寿命は、男性が72・６８歳、女性が75・３８歳です。

本当の意味で、貯蓄を取り崩して生活しなければならないのは、この健康寿命以降と考えていいでしょう。つまり、**50歳の時点でほとんど資産がない人でも、70歳くらいまでは、働くことによって得られる給料の一部を資産形成に回すことができます。それによって、かなりの資産を築くことができる**のです。

一定の金額を積み立てても、それを預貯金にしていては、大した資産は築けません。なぜなら金利が低すぎるからです。２０２３年3月時点で、大手銀行が扱っている定期預金の利率は、預入《あずけいれ》金額の多寡《たか》、預入期間の長短に関係なく、年０・００２％でしかありません。この超低金利では、たとえば１０００万円の元本《がんぽん》を半年複利で20年間運用したとしても、得られる利息はたったの4000円です。
したがって、50歳から70歳までの20年間である程度の資産を築こうとしたら、本格的な運用に取り組んでいく必要があります。

ちょっとシミュレーションをしてみましょう。50歳から70歳までの20年間、一定の金額を積立投資に回すことによって、どのくらいの金融資産を築くことができるのでしょうか。

たとえば毎月5万円を20年間積み立てた場合、元本は1200万円です。仮に50歳時点の金融資産額がゼロだとしたら、これでも心強い金額といえますが、もし年平均5%の利回りで運用できたとしたら、総額は2055万1683円になります。皆さんもどこかで耳にしたことがあると思いますが、「老後2000万円問題」を十分にクリアできます。

もし年平均利回りが6%だとしたら、総額は2310万2045円。年平均7%で運用できれば2604万6333円です。

新ＮＩＳＡを使えば20・315％の税金が非課税に

このシミュレーションは税引き前の元利《がんり》合計額です。本当は運用収益の20・315％が税金として差し引かれます。年７％で運用できた場合に得られる運用収益は１４０４万６３３３円にもなりますから、引かれる税金は、実に２８５万３０００円にもなります。70歳前後の高齢者にとって、２８５万円ものお金が税金に消えてしまうのは、結構、懐《ふところ》が痛い話です。

でも、強力な味方がいます。**２０２４年１月からスタートする新ＮＩＳＡでは、一人につき１８００万円まで、運用資金に生じた利益が非課税になる**のです。２８５万円もの税金が非課税になるわけですから、老後の資産形成がさらにしやすくなります。

50歳だからといって諦《あきら》めてはいけません。**70歳まで働く。そして、働くことによって得た収入の一部を、新ＮＩＳＡを使って積立投資に回す。**この２つを愚直《ぐちょく》に続けていくだけで、老後のお金の不安はあらかた消えるはずです。

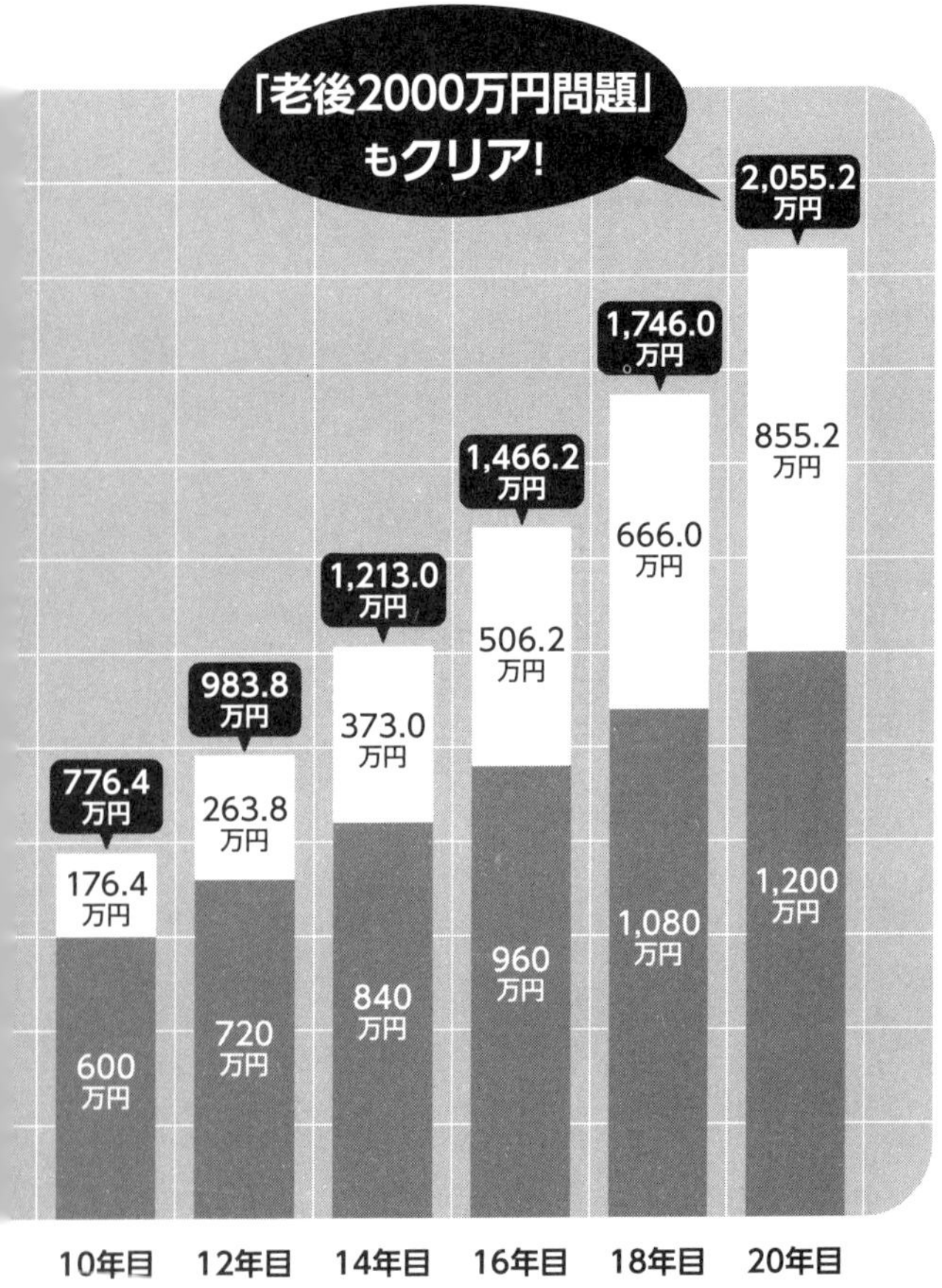

※年5%の利回りで運用できた場合

図1-1 50歳から月5万円の積立投資を始めると、70歳で2,055万1,683円に!

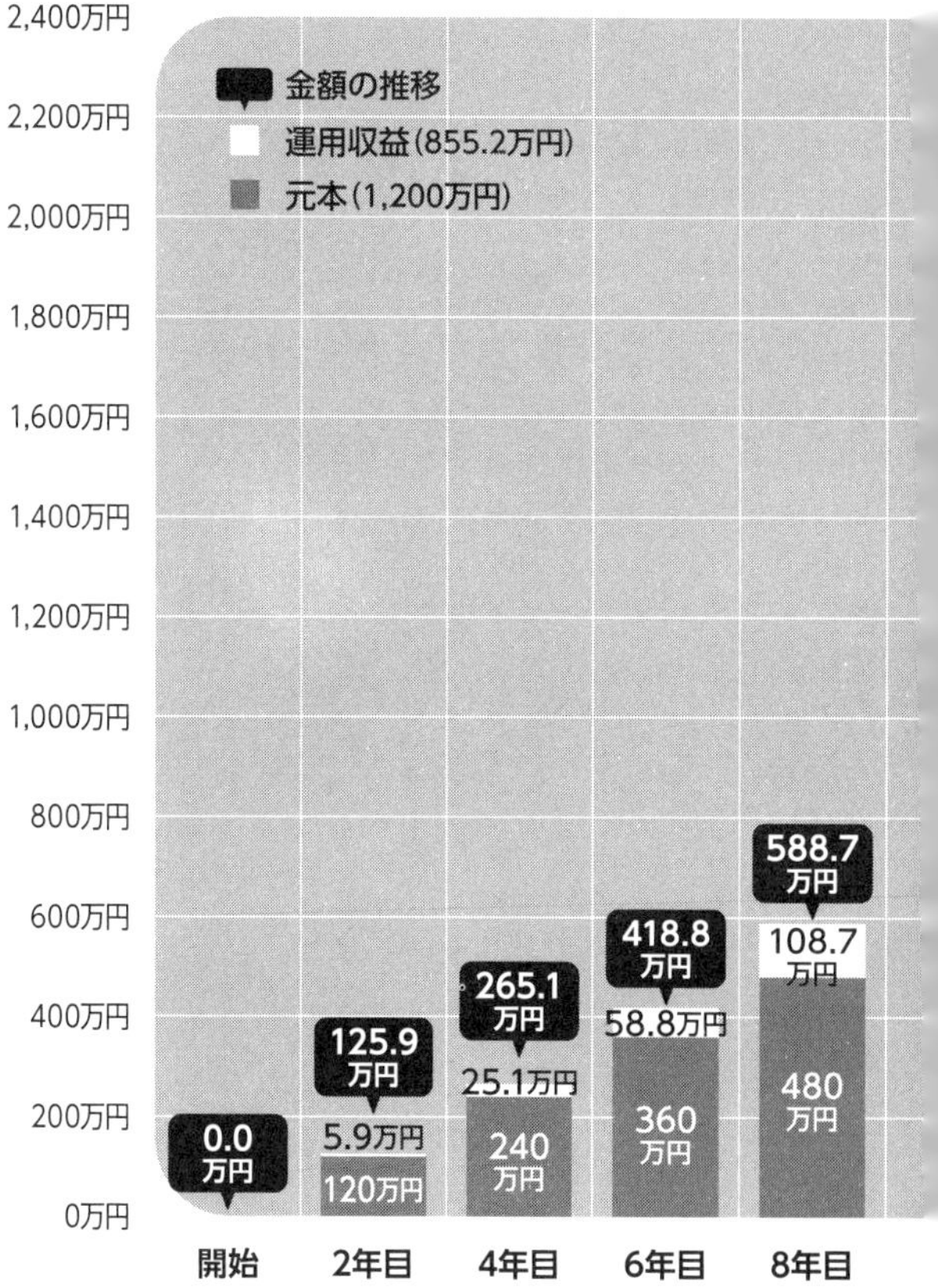

出所:金融庁ホームページ「資産運用シミュレーション」
https://www.fsa.go.jp/policy/nisa2/moneyplan_sim/index.html

第2章

50歳からの資産運用に最適なのは「投資信託」

新NISAで運用すべきは「投資信託」

では、資産形成にあたって、どのような投資商品を選べばいいのでしょうか。

株式、投資信託、債券《さいけん》、FX（外国為替《かわせ》証拠金取引）、暗号資産、コモディティ、不動産など、資産形成に使える投資対象はたくさんあります。

私は、自分が投資信託会社を経営しているからというわけではなく、このなかから選ぶとしたら、迷うことなく投資信託です。

50歳になり、これから資産形成に取り組もうと考えている人が投資をするのであれば、投資信託一択でしょう。

詳しくは次章で述べますが、新NISAには「つみたて投資枠」と「成長投資枠」というものがあり、成長投資枠を使えば、株式の個別銘柄《めいがら》などにも投資することができます。

しかし、50歳から老後資金をつくろうとするなら、新NISAで運用すべきは投資信託です。

本章では、新ＮＩＳＡでは投資できないものも含めて、投資信託以外の投資商品はなぜ50歳からの資産形成にふさわしくないのか、また、なぜ投資信託がいいのかについて、述べていきます。

株式の個別銘柄投資は難易度もハードルも高い

投資という場合、最も王道感があるのが、株式の個別銘柄投資だと思います。自分で企業の業績、財務状況、ビジネスモデルなどを分析し、さらには経営者の人となりも調べたうえで、投資すべきかどうかを判断する。まさに投資の王道ですが、これから投資を始める人にとって、**数ある上場企業から数社を選び抜くのは、とてもハードルが高い**でしょう。

２０２３年３月31日時点で、東京証券取引所に上場している企業数は、プライム市場が１８３４社、スタンダード市場が１４４６社、グロース市場が５２３社、ＴＯＫＹＯ

PROマーケットが71社となっています。合計で3874社もあります。

投資が好きな人のなかには、あの分《ぶ》厚《あつ》い『会社四季報』に全部目を通して、投資する企業を見極めようとする人もいますが、それは長年にわたって失敗を繰り返し、自分なりに投資経験を積んだ人だからできることです。

それに、投資資金がたくさんあれば、30銘柄、50銘柄に分散投資することで、特定の銘柄の株価が大暴落したり、あるいは投資先企業が倒産して株券がただの紙切れになったりするリスクを軽減できますが、そこまでの資金を株式投資に回せる人はほとんどいないでしょう。**数銘柄に投資するだけでは、分散投資効果を十分に得ることができず、資産価値が目減りするリスクをかえって高める**ことになります。

その点、投資信託ならたくさんの銘柄に分散投資しているので十分な分散投資効果を得ることができますし、その銘柄も投資を専門に行っているプロが選んでくれます。

もちろん、何事にも最初はありますから、これから株式投資の経験を積んでいけばいいという考え方もあります。

でも、それはまだ30代、40代くらいの人がいうことです。**もう50代になった人が運用をするにあたっては、できるだけ大きな損をしない方法を考えなければなりません。**損を取り返す時間がないからです。その意味においても、株式の個別銘柄投資は避けたほうがいいでしょう。

時々、株式のトレードで億円単位の資産を築いた人の話を聞くことがあるかもしれません。何となく「自分にも同じことができるのではないか」という気持ちになるかもしれません。が、それは幻想です。株式投資でそれだけの資産を築ける人は、恐らく100人のうち1人もいないでしょう。

それに、成功するまでに、ものすごい損失を被《こうむ》って「もう株式になんて投資しない」と思った経験を持っている人が大勢《おおぜい》います。それでも諦めずに続けられた人だけが、株式投資で大成《たいせい》しているのです。

それを考えると、五十の手習いで資産形成を始める人は、株式の個別銘柄投資には手を出さないほうが無難《ぶなん》だと思います。

債券はリスクが低いがリターンが少ない

債券は、株式と同じように、企業が資金を調達するために発行する有価証券のひとつです。あるいは、国債のように、国などが財政資金を調達するために発行する債券もあります。

債券の場合、償還まで保有すれば、企業や国などの発行体が破綻《はたん》しない限り元本が戻ってきますし、定期的に利子を受け取ることもできます。

償還前に市場で売却する場合は、その時々に形成される価格によって取引されるため、購入した時に比べて債券価格が下落し、損失を被るリスクもあるものの、償還まで保有すれば額面金額で元本が戻ってくるので、預貯金並みの元本安全性を持つと思っていただいていいでしょう。

ただ、**元本の安全性が高い分だけ、収益性は低くなります。**２０２３年3月に発行された10年国債の表面利率は年０・５％です。年０・００２％しかない預金利率に比べればはるかにマシですが、大した運用収益は期待できません。当然、消費者物価指数が前年比で3％も上昇するような世の中で、年0・5％の収益率ではインフレリスクをヘッジすることもできません。

最近は物価上昇によって金利が上昇する兆しがあるせいか、変動金利といって、定期的に適用利率を見直す「個人向け国債（変動10年）」を推《お》す声もありますが、それでも今年3月に募集されたものの表面利率は0・33％です。やはりある程度のペースで資産を増やすためには役不足の感が拭《ぬぐ》えません。

安全性は確かに高いのですが、50歳から債券で資産を増やすのは難しいといえるでしょう。

FXは「投資」ではなく「投機」

FXは、日本語では「外国為替証拠金取引」といいます。

米ドル／円、ユーロ／円、ユーロ／米ドル、といったような異なる2つの通貨の交換比率を為替レートといい、これは時々刻々と変動しています。その値動きを捉えて、一方の通貨が安い時に買い、高くなった時に売って利益を確定させるのが、ＦＸの基本的な仕組みです。

たとえば米ドル／円でいうと、１米ドル＝135円の時に米ドルを買い、１米ドル＝140円になった時に買った米ドルを売却すれば、１米ドルにつき5円の為替差益を得ることができます。

株式投資であれば株価が、投資信託であれば基準価額が、購入した時に比べて値上がりしたところで売却すれば、値上がり益を得ることができます。それはＦＸも同じです。そのため、ＦＸも株式や投資信託と同じ「投資」であると思っている人が大勢います。「ＦＸ投資」などという、何だかよく分からない言葉が普通にまかり通っているくらい、大いなる混同があります。

でも、**ＦＸは投資でも何でもありません。これはただの「取引」です。別の言い方をすると「投機」（ギャンブル）といってもいいでしょう。**

投機と投資。漢字で1文字しか違いませんが、両者は全くもって別物です。**投資とは、付加価値を生み出すものに資金を投じること**です。たとえば株式投資は、企業にとって最大の付加価値である製品・サービスを生み出すのに必要な資金を、投資家が提供するものです。まさに投資です。

投資信託もそうです。投資信託というファンド（基金）を通じて、世界中の企業の株式などに分散投資することによって、やはり製品・サービスといった付加価値を生み出すための資金を提供しています。

では、FXはどうでしょうか。何か付加価値を生むものに対して資金を提供しているでしょうか？

FXはただ単に、異なる2通貨の交換比率の変動に資金を投じているだけです。通貨は、株式や投資信託、あるいは債券のような付加価値をいっさい生みません。通貨を設備や人的資源と交換し、企業活動に用いれば付加価値を生み出しますが、通貨そのものは単なる記号に過ぎず、それそのものが付加価値を生み出すものではないのです。

FXは付加価値に資金を投じるものではなく、単に値動きを買っているだけに過ぎません。このように、**将来の値動きを利益の源泉とする取引に資金を投じるのが「投機」**です。

投機は、基本的に何ら再現性を持ちません。

株式投資であれば、将来的に高い付加価値を生み出す製品・サービスを持っている企業であれば、必然的に売上と利益が伸び、長期的にそれが株価に反映されます。これは、どの企業の株式でも同じです。つまり、再現性があります。

しかし、FXに再現性はありません。過去の値動きを参考にして売買判断を下《くだ》すシステムトレードは存在するものの、確実に将来の値動きを当てられるかといわれれば、その答えは「ノー」です。

FXが投資ではなく投機であることを示す材料は他にもたくさんあるのですが、本書はFXを批判するためのものではないので、この程度にしておきましょう。

とにかく、FXを投資などとは考えないこと。そのうえで、老後の資産形成をするためには使えないことを理解してください。

暗号資産・コモディティも「投機」

ビットコインなどの暗号資産も、金《きん》などの貴金属や原油、ゴム、トウモロコシ、大豆などのコモディティも、投資ではなく投機です。ＦＸが付加価値を生み出さない通貨に資金を投じているのと同様、暗号資産もコモディティも、いっさい付加価値を生み出しません。

繰り返しますが、付加価値を生み出さないものに資金を投じる行為は、基本的にすべて投機です。これらも老後のための資産形成には不向きと考えていいでしょう。

50歳を過ぎてから老後の資産形成をするにあたっては、基本的に**投機に属するものは買わない**ほうが無難です。

ＦＸや暗号資産、コモディティは、時々、価格が急騰《きゅうとう》してニュースになったりしますが、価格が急騰するということは、逆にいえば価格が急落することも大いにあり得るということです。事実、暗号資産のひとつであるビットコインの価格を見ると、２０２１年11

月に1BTC＝777万円をつけた後、2022年12月末には1BTC＝217万円まで急落しています。たったの1年間で4分の1近くまで価値が減ってしまったのです。

このように値動きの荒いものは、長期投資の対象にはなりません。そもそも、初めて資産形成をする人がこのように値動きの荒いものに資金を投じたら、価格が急落した時に気が気ではなくなります。

不動産投資には多額の資金が必要

不動産は、ただの土地の状態では何も生み出しません。ですから、土地そのものの値動きを追いかけて値上がり益を狙《ねら》うという行為は投機そのものです。

ですが、その土地にオフィスビルや商業施設、あるいはレジデンスなどの建物を建て、テナントや居住者に入居してもらうことによって賃料収入を得られれば、付加価値を生み出します。これが、本当の不動産投資です。

ただ、空いている土地に建物を建て、それを誰かに貸し出して賃料収入を得るには、相当の初期投資が必要です。50歳を過ぎた普通の個人が行う投資法ではありません。もちろん、ものすごい富裕層であればこのような投資法もアリですが、そもそもそこまでの富裕層であれば老後のための資産形成を心配する必要は全くないでしょう。

不動産投資は大半の人にとって非常にハードルの高い投資法ではありますが、**不動産投資信託（ＲＥＩＴ《リート》）という投資商品を用いれば、誰でも簡単に不動産投資ができます。**

ＲＥＩＴは、ファンドに組み入れられたオフィスビルや商業施設、レジデンスといった不動産物件から生じる家賃収入を、ファンドを保有している投資家への分配金にするものです。

ファンドそのものが証券取引所に上場されていて、株式と同じように売買できるＲＥＩＴもあります。

普通の不動産は簡単に売買できませんが、上場されているＲＥＩＴは、株式と同じように、いつでも自由に売買できます。その点で利便性が非常に高く、しかも最低投資金額が少額ですから、誰でも手軽に不動産をポートフォリオに組み入れることができます。

資産運用を始めるなら「投資信託」がいい理由

投資信託の良さはたくさんあります。私が投資信託会社の経営者だからではなく、これから本格的な資産形成に取り組もうと考えている人に何を勧めるのが一番いいのかを考えた時、投資信託以外の選択肢が見当たらないというのが正直な気持ちです。

50歳になって初めて資産形成に取り組もうと考えている人のなかには、「投資信託って何？」という方もいらっしゃるでしょう。詳しくは次項以降で説明しますが、投資信託の何がいいのか、主な点を3つ挙げると、

①少額投資が可能

②少額資金でも分散投資ができる

③プロの運用ノウハウを活用できる

でしょうか。

まず①の少額投資が可能という点。

投資信託の最低購入金額は、かつては1万円でした。しかし、今は100円で購入できるケースもあります。少額で購入できるからこそ、少額資金での積立投資が可能であるともいえます。月々の積立金額は少額でも、長期間継続すれば、それなりにまとまった金額になります。それが投資信託では可能なのです。

次に②の分散投資です。

投資信託は、一人ひとりの購入金額が少額だとしても、それらをひとまとめにして大きな資金規模のファンドを組成《そせい》しますから、ファンド自体の運用資金は結構大きな金額になります。そのため、多数の銘柄に分散投資ができます。そして、その運用成果を、投資家一人ひとりの受益権の持ち分に応じて配分します。ですから、少額しか投資しなくても、多数の銘柄に分散して運用できるのです。

そして、③のプロの運用ノウハウ。

投資信託は「投資信託会社」という運用のプロによって銘柄が選ばれ、投資されています。事前に運用の基本的なルールが定められ、それに則《のっと》って運用されるのです。

こうした運用のプロを個人で雇うとなると、とてつもないコストがかかりますが、投資信託は大勢の人たちが少額ずつ投資する仕組みなので、このコストも全員で分けて負担する形になっています。したがって、購入金額が小さくても、プロのノウハウを活用した資産運用が可能になるのです。

投資信託の基本的な仕組みを理解しよう

投資信託は、一種のパッケージ商品のようなものです。運用のスペシャリストであるファンドマネジャーが、国内外の株式や債券などから、投資信託に組み入れるものを選んで投資します。そして、投資によって得られた成果は、投資信託を購入した人（受益者といいます）に、それぞれの持ち分に応じて分配されます。

ここで注意しなければならないのは、**運用で利益が得られた時も、逆に損失が生じた時も、投資信託を購入した人にそれが帰属《きぞく》する**ということです。つまり、投資信託には値下がりのリスクがあるということにも留意しておく必要があります。

また、その運用成果は投資信託に組み入れられた株式や債券の値動きに左右されるので、預貯金のように利回りが確定しているわけでもありません。このような予測不可能な値動きを、投資の世界では**「価格変動リスク」**といいます。

投資信託には、株式と同じように、価格変動リスクがあります。ただ、株式の個別銘柄に投資するのに比べると、そのリスクを合理的に低く抑えることが可能です。なぜなら、先に申し上げたように、投資信託はポートフォリオ（投資の組み合わせ）で運用するパッケージ商品だからです。

投資信託の種類によって異なりますが、たとえば株式のみを組み入れて運用する株式型投資信託の場合だと、大体、数十銘柄から100銘柄程度の株式に分散投資します。その結果、**分散投資効果**が得られます。

投資するお金を数十銘柄から100銘柄程度に分ければ、そのうち一部の銘柄の株価が値下がりしたとしても、他の銘柄の値上がりによって、全体の損失リスクが軽減されるというのが、分散投資効果です。

個人が個別銘柄投資をする場合、分散投資効果を得ようとしても、ものすごいお金持ちならたくさんの銘柄に分散投資できますが、たとえば１００万円程度の資金だと、それほど多くの銘柄に分散できず、結果、価格変動リスクが大きくなってしまいます。

このように、**数十銘柄から１００銘柄程度の株式に分散投資できるのは、いわゆる機関投資家と呼ばれている投資家のみですが、それと同じ分散投資効果を、投資信託なら数千円、あるいは１万円程度の資金で自分のものにすることができる**のです。

投資信託の安全性はこうして守られている

投資信託は、運用の指示を出す投資信託会社、投資信託に組み入れられている資産の管理を行う信託銀行（受託銀行ともいいます）、そして投資信託を販売する販売金融機関の３者によって成り立っています。

販売金融機関は専《もっぱ》ら投資信託を販売するのが主《しゅ》たる業務であり、そこを通じて集められた資金は信託銀行に送られます。

販売金融機関は、かつては証券会社ばかりでしたが、今は銀行などにも投資信託の販売

図2-1 投資信託の仕組み

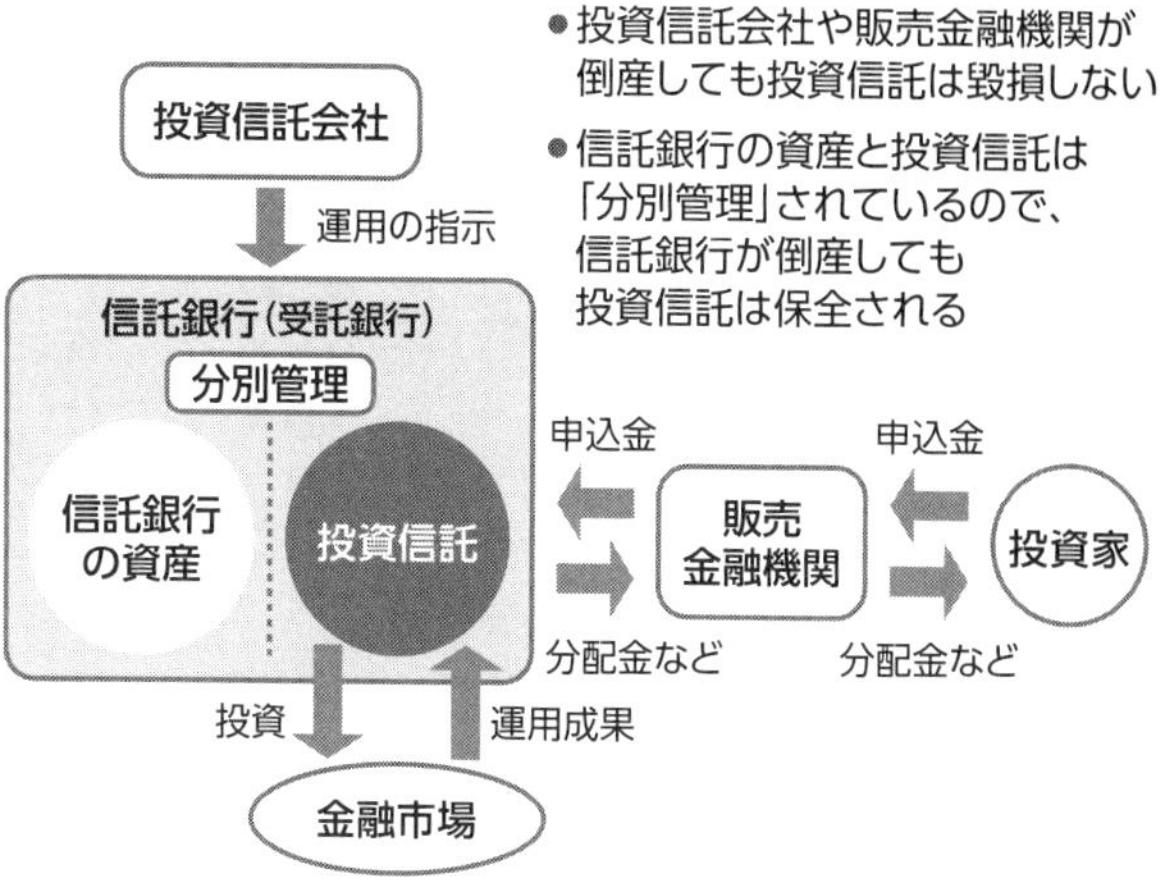

が解禁されています。ですから、大半の金融機関の窓口やウェブサイトで投資信託を購入できます。

投資信託会社は、信託銀行に、どういう株式や債券を買うかの指示を出します。そして、信託銀行は投資信託会社からの運用指示通りに売買注文を出し、販売金融機関から送られてきた資金で買い付け、さらに買い付けた株式や債券を管理します。

以上が、投資信託を運用する際の流れになります。

少しややこしいですが、このように投資信託会社、信託銀行、販売金融機関がそれぞれ独立した業務を遂行《すいこう》することによって、投資信託の安全性が担保されています。

仮に販売金融機関や投資信託会社が倒産したとします。それでも、投資信託に組み入れられている資産は信託銀行が管理しているので、毀損《きそん》する恐れはありません。

また、信託銀行が管理している投資信託の資産は、「分別管理」といって、信託銀行の資産とは分けて管理されるため、仮に信託銀行が経営破綻したとしても、やはり投資信託の組入《くみいれ》資産は保全される仕組みになっています。

しかも、投資している金額の多寡に関係なく保全されますから、ある意味、元本1000万円とその利息分までしか保護されない銀行預金に比べても、破綻リスクに対する耐性が高いともいえます。

投資信託に関する疑問に答えます

私は個人の資産運用初心者の方たちに、投資信託や資産形成のイロハについて講義をすることがあります。皆さん、熱心なので、さまざまな質問が出てくるのですが、そのなかで特に投資信託に関して多い質問について説明していきましょう。これで投資信託の基本的な知識は得られるはずです。

Q　投資信託はどこで買えるのですか？

A　かつては証券会社でしか購入できなかった投資信託ですが、今は大半の金融機関で購入できます。メガバンク、地方銀行、信用金庫、信用組合、労働金庫、ゆうちょ銀行が主なところで、投資信託を運用している投資信託会社でも、「直接販売」といって、運用している投資信託を購入できるところがあります。セゾン投信もそのひとつです。

ただ、**販売金融機関によって、同一の投資信託でも購入条件が異なるケースがある**点には要注意です。具体的には、購入時手数料が異なります。

投資信託の多くは、購入する際に、手数料を販売金融機関が取るのですが、インターネット証券会社など、インターネット金融機関経由や「直接販売」の場合、購入時手数料を取らないケースが多いです。

また、**販売金融機関によって扱っている投資信託が異なる**ケースも多くあります。投資信託を購入する時は、まず自分が購入したい投資信託を決めてから、その投資信託を扱っている金融機関を調べ、さらに購入時手数料を取るのかどうかを調べたうえで、販売金融機関を決めるのがいいでしょう。

多くの人は、自分の勤務先や住んでいるところなど、生活圏の身近なところに取引金融機関を持っているので、そこで投資信託を買おうとします。NISAの口座もそういうところに開設する傾向が多く見られますが、これは間違っています。

大事なのは、まずどういう投資信託を買うのかを決めることです。

自分の生活圏の身近なところにある金融機関が、あなたの欲しい投資信託を扱っているとは限りません。**まず自分で投資したい投資信託を決めたうえで、それを扱っている金融機関でNISAの口座を開設して購入する必要がある**のです。これは、新NISAでも同じです。

Q 投資信託にはどのようなコストがかかるのですか?

A 投資信託のコストは大きく3つあります。**「購入時手数料」**と**「信託報酬」**、**「信託財産留保額」**です。

購入時手数料は、前述のように、投資信託を購入する際に販売金融機関に対して払う手数料です。大体の場合、購入金額に対して一定の料率でかかります。たとえば購入時手数料が2％なら、購入金額100万円に対して2万円になります。したがって、購入金額が100万円でも、支払総額は手数料を加えた102万円になります。

これも前述しましたが、購入時手数料の料率は、たとえ同一の投資信託でも販売金融機関によって異なるケースがありますし、インターネット証券会社などの場合は購入時手数料を取らないケースもあります。料率次第ですが、たとえば2％取られるとなると結構大きな金額になるので、できるだけ購入時手数料の低い販売金融機関を選んだほうがいいでしょう。

次に、信託報酬です。

購入時手数料は購入する際に徴収《ちょうしゅう》されますが、信託報酬は投資期間中に別の取られ方をします。具体的には、投資信託の信託財産に対して、あらかじめ決められた年率のものを、日割りで徴収されるのです。信託財産とは、投資信託に組み入れられている資産のことです。そこから日々、少しずつ差し引かれていくため、実際に投資信託を保有していても負担を実感しにくいコストといっていいでしょう。しかし、信託報酬は保有期間に応じて徴収されますから、保有期間が長期になるほど大きな額を支払うことになります。

したがって、信託報酬率ができるだけ低い投資信託を選んだほうがいい、といいたいところですが、投資信託の運用には相応の手間がかかります。最近は極端に信託報酬の料率を引き下げたインデックスファンドが人気を集める傾向がありますが、本音を申し上げれば、それで商売として成り立つのか疑問に思うところもあります。

一概《いちがい》には申し上げられませんが、インデックスファンドで年0・5%程度、アクティブファンドで年1%程度が、リーズナブルな水準でしょうか（インデックスファンド、アクティブファンドという言葉の意味は後述します）。

3つ目の信託財産留保額は、投資信託を解約する際に支払うものです。投資信託によってはかからないものもありますが、これはコストというよりも、投資家間の公平性を保つためのものと考えるべきでしょう。

投資信託の解約を申し込むと、ファンドはその分の株式や債券などを売却することになります。それには手数料がかかります。その手数料を解約する人に請求しないと、結局、解約しないで保有し続ける人たちが負担することになってしまいます。それでは不公平なので、解約する人に請求するというわけです。これがかかる投資信託は、投資信託会社が長期保有を促《うなが》している意思表示だと理念的に捉えるべきでしょう。

Q　急に現金が必要になった場合、解約できるのでしょうか？

A　投資信託は、できれば長期間保有することをお勧めしたい投資商品です。

そもそも投資信託の時価である「基準価額」は1日に1度しか公表されませんから、株式の短期売買のように、1日のなかの値動きを見て売買を繰り返すことはできません。

また、頻繁《ひんぱん》な購入・解約はコスト増につながります。たとえば購入時手数料が2％の投資信託を、1年間で5回、購入して、解約したら、それだけでトータルの購入時手数料は10％にもなってしまいます。投資信託の運用成績を10％高めることは至極《しごく》大変なことですから、それを購入時手数料で無駄にするのは、大いに馬鹿げています。

それに投資信託のポートフォリオは、基本的に、長期間の投資をすることによってある程度の運用成果が得られるように組まれています。そのため、短期的な資金の出入りが激しいと、運用成果を上げにくくなってしまいます。

したがって、できるだけ長期間保有していただくのが、投資信託を用いた資産形成の基本といえるのですが、長い人生の間には、どうしてもまとまった資金が必要になることもあるでしょう。

投資信託は基本的に1口単位での解約が可能ですから、**全額を解約しなくても、当座必要な金額に該当する口数《くちすう》だけを解約して、残りはそのまま運用し続けることができます。**

いったん全額解約すると、再び投資を始めようとした場合に、なかなか決断できないケースもあるので、できるだけ全額解約は避けて、必要金額以外は口座に運用資金を残すようにしてください。

Q いくらから購入できるのですか？

A 前述したように、投資信託の購入金額は、かつては1万円からというケースが多かったのですが、最近は積立投資を前提にして、毎月100円から購入できる販売金融機関もあります。

ただ、正直なところ、**あまりにも毎月の積立金額が小さいと、いつまで経っても十分な資産形成ができません。**たとえば毎月1000円を30年間積立投資して、年平均5％の利回りで運用できたとしても、最終的な金額は83万2259円です。ゼロよりマシという考え方もありますが、この程度の金額では老後の備えにならないのも現実です。

もし積立投資で資産形成しようと決断したのであれば、もちろん無理は禁物《きんもつ》ですが、できる範囲で、なるべく大きな金額を積み立てるようにしましょう。

Q　どんな種類があるのですか？

A　日本株だけを組み入れて運用する国内株式型、米国株など外国株式を組み入れて運用する外国株式型の他、国内債券を組み入れて運用する公社債型、外国債券を組み入れて運用する外国債券型、国内外の株式や債券に分散投資するバランス型など、さまざまあります。外国株式型のなかには、米国株型、欧州株型というように、特定の国・地域の株式市場に投資するタイプもあります。

その他にも、ＡＩやＥＳＧ、地球環境など、特定のテーマに関連した企業の株式に集中投資する「テーマ型」というタイプもあります。

以上は投資対象による分類ですが、運用スタイルによる分類もあります。

たとえば、国内株式型で、日経平均株価や東証株価指数（ＴＯＰＩＸ）などの株価インデックスに連動した運用成果を目指す投資信託があります。このように、株価インデックスに連動するものを「インデックス型（インデックスファンド）」といいます。

そして、株価インデックスを上回るリターンを目指して組入銘柄を選別する投資信託を「アクティブ型（アクティブファンド）」と称しています。

このように、投資信託には投資対象、運用スタイルなどの組み合わせによって、多種多様な種類があります。したがって、**投資信託を選ぶ時は、その投資信託が何に投資しているのか、どういうスタイルで運用するのかといった点を中心にして、中身をしっかり調べることが大切**です。

Q　どの投資信託会社の投資信託を選べばいいのですか？

A　国内で設定・運用されている投資信託のうち、不特定多数の個人向けに販売されている「公募投資信託」を扱っている投資信託会社の数は、80社以上あります。このなかには国内証券会社系、銀行系、保険会社系の他、外資系投資信託会社、あるいは特定の金融機関と資本関係を持たない独立系投資信託会社などがあります。

会社数が非常に多いため、投資信託を購入するため金融機関に口座を開設したとしても、恐らくその金融機関で扱われている投資信託会社はほんの一部に過ぎないでしょう。むしろ扱われていない投資信託会社のほうが多いでしょうし、すべての投資信託会社をラインナップしている金融機関は皆無《かいむ》だと思います。そのくらい、投資信託の運用会社はたくさんあるということです。

「それで、どの投資信託会社がいいの？」という話ですが、これは一概にはいえません。たとえばアクティブ運用ならどこが強いとか、債券運用ならここがいいといった話はありますが、だからといって、そういう投資信託会社が運用している投資信託を買えば確実に高いリターンが得られるのかというと、そうでもないのです。

したがって、どの投資信託会社を選べばいいのかという問題は、最終的に、**自分自身が納得のいく運用哲学を持っている投資信託会社を選ぶ**ということに尽きます。

この見極めは非常に難しいのですが、最近はインターネットでも投資信託関連の情報が数多く流れていますし、投資信託会社もホームページを持っているところが大半なので、それらをチェックして、どういう投資信託会社なのか、アタリをつけるしかないでしょう。

Q 投資信託はいつでも買えるのでしょうか？

A 投資信託にもさまざまな種類があるので一概にはいえないのですが、期間を設けて購入希望者を募集し、一定の金額が集まった時点で運用をスタートしたら、同一の投資信託を追加で購入できない「単位型」と、運用がスタートした後も自由に追加購入できる「追加型」とがあります。ただ、近年では単位型で運用される投資信託はほとんどなく、大半の投資信託は追加型です。

基本的に、**追加型投資信託は、いつでも買うことができます。**

ただ、「いつでも」といっても、株式のように、リアルタイムで売買できるわけではありません。

投資信託そのものを証券取引所に上場している「上場投資信託（ＥＴＦ）」は別ですが、それ以外の、国内で設定・運用されている大半の投資信託は、１日のうち１回だけ時価が計算されます。この時価のことを**「基準価額」**といいます。

投資信託の購入・解約注文は、基準価額で受け付けられます。ですから、大半の投資信託は、いつでも購入するための注文を出すことはできますが、その注文が受け付けられ、いくらで買えたのかは、1日のうち1回しかない基準価額の算出時点にならなければ分かりません。

Q　投資信託には、定期預金のような満期はあるのでしょうか？

A　投資信託の場合、**「信託期間」**といって、事前に運用期間を明示したうえで運用しているものもありますし、信託期間を「無期限」にして、事前に定められた状況にならない限りは運用を継続するものもあります。

信託期間は、単位型の場合だと5年前後と比較的短いものが多かったのですが、最近は単位型の新規設定自体が減っています。

追加型で信託期間を設定している場合は、10年、あるいは20年と長めです。また、当初設定した信託期間が近付いてくると、約款《やっかん》変更によって信託期間を延長するケースもあります。

ただし、信託期間の延長をするには、その時点で一定の純資産総額（これについては第5章で説明します）を持っていることが条件になります。純資産総額が数億円程度しかない小規模な投資信託の場合、信託期間を延長したとしても、投資信託会社にとってはほとんど利益につながらないからです。そのような場合は償還となり、その時点の基準価額で算出した償還金が受益者に支払われます。この時点で運用は終わりです。

一方、信託期間が無期限の投資信託はどうなのかというと、前述したように、「事前に定められた状況」にならない限り、運用が継続されます。

問題は、この「事前に定められた状況」とは何か、ということです。これは、解約が多く生じて、受益権口数が一定以下にまで減少した場合のことを指しています。

投資信託は、「約款」といって、受益者に対する約束事を事前に決めています。そこでは、「受益権口数が一定口数以下になった時、受益者に告知して償還の是非《ぜひ》を問うたうえで、一定の賛同があった場合には繰上《くりあげ》償還する」と定められています。

つまり**信託期間が無期限の投資信託でも、解約が多く生じて受益権口数が一定以下にまで減ると、その時点で繰上償還されるケースがある**のです。信託期間が無期限の投資信託を購入する場合は、この点に留意しておく必要があります。

一定口数とは、多くは30億口程度とされているようです。一般的な投資信託の場合、運用開始時点の受益権1口あたり基準価額は1円です。ですから、30億口とは、運用開始時点の基準価額でいうと30億円程度の純資産総額になります。したがって、純資産総額ベースで考えると、30億円程度が、繰上償還されるかどうかのギリギリのラインになります。

Q　投資信託にかかる税金はどうなっているのですか？

A　投資信託で運用することによって得られる利益は、大きく2つあります。「分配金」と「値上がり益」です。かかる税金の税率は、分配金、値上がり益ともに、20・315％です。

投資信託には決算日が設けられています。これは企業の決算と同じようなもので、一定期間運用した結果を締《し》める日です。決算日は、毎月設けられているものもあれば、半年に1度、あるいは1年に1度など、投資信託によって異なりますが、基本的に1年に1回という投資信託が多いようです。

この決算日に、前回の決算日の翌営業日以降からの運用成果を決算して、運用益が生じている場合は、その一部を受益者に還元することがあります。これが分配金です。

また、投資信託に組み入れられている株式や債券の価格が値上がりしたり、株式の配当金や債券の利子が発生したりすると、それらが加味されて基準価額が上昇します。基準価額が上昇した時に解約したり、もしくは償還されたりすると、購入時の基準価額との差額が利益になります。これが値上がり益です。

NISA・新NISAは、一定の投資金額まで、この分配金と値上がり益にかかる税金を非課税にするという税制措置《そち》です。

第3章

新NISAがいよいよ
2024年1月にスタート!

NISA・新NISAは投資信託の運用に最適な制度

NISAという投資非課税制度がスタートしたのは2014年1月のことでした。英国のISA（アイサ）という制度を範《はん》にとったもので、**一定の投資金額まで、株式の個別銘柄投資や投資信託などの運用によって生じた利益にかかる税金を非課税にするという税制措置**です。

前章で述べたように、50歳からの資産形成に最適なのは、投資信託です。そして、投資信託を運用する際に利用すべきなのが、運用によって生じた利益にかかる税金が非課税になるNISAであり、2024年1月にスタートする新NISAです。

前置きが長くなってしまいましたが、いよいよ本章では、新NISAとはどういう制度なのか、これまでのNISAとはどこが違うのかについて説明していきます。

これまでのNISAには、株式の個別銘柄や投資信託などで運用できる「一般NISA」

図3-1 「一般NISA」と「つみたてNISA」

	つみたてNISA	併用不可	一般NISA
非課税投資枠	年40万円		年120万円
非課税期間	20年間		5年間
非課税投資枠の総額	800万円		600万円
投資対象	長期の積立・分散投資に適した一定の投資信託(ETFを含む)		株式・投資信託(ETFを含む)など

※一般NISA・つみたてNISAによる株式や投資信託の購入ができるのは2023年末まで

と、投資信託での積立投資をする「つみたてNISA」があります。その他に、未成年が口座を開設できる「ジュニアNISA」もありますが、これについては本書では触れないことにします(ジュニアNISAは2023年末で新規口座の開設ができなくなります)。

新NISAのポイント①
制度の「恒久化」と非課税期間の「無期限化」

これまでのNISAは、いずれなくなる制度でした。

また、一般NISAは5年間、つみたてNISAは20年間という非課税期間も設けられ

図3-2 2024年1月から始まる新NISA

併用可

	つみたて投資枠	成長投資枠
年間投資枠	120万円	240万円
非課税保有期間	無期限	無期限
非課税保有限度額（総枠）	1,800万円 ※買付残高（簿価残高）で管理 ※枠の再利用が可能	1,200万円（内数）
投資対象商品	長期の積立・分散投資に適した一定の投資信託（ETFを含む）	株式・投資信託（ETFを含む）など

ています。非課税期間が終わると、NISA口座以外の、運用によって生じた利益に課税される口座に運用資金が払い出されます。NISA口座を用いて投資信託や株式を購入できる「投資可能期間」、そして、運用によって生じた利益に対する税金を非課税にする「非課税期間」の両方とも、有期限だったのです。

新NISAでは、**制度が恒久《こうきゅう》化**されると同時に、**非課税期間が無期限化**されました。これらはいずれも、2014年1月にNISAがスタートした時から大勢の利用者が待ち望んでいたことです。これによって、5年、あるいは20年を超える長期投資で得た利益についても非課税になるわけです。

新ＮＩＳＡのポイント②
従来のＮＩＳＡよりはるかに大きい１８００万円の非課税保有限度額（総枠）

また、新ＮＩＳＡでは、１８００万円の非課税保有限度額が設定されました。

一部では、非課税保有限度額を設定することに対して不満の声もありましたが、私はこの制度改正は大いなる進歩であると考えています。

現行制度では、一般ＮＩＳＡの非課税投資枠は年１２０万円。非課税期間が5年間なので、最大６００万円まで非課税で運用できます。つみたてＮＩＳＡは非課税投資枠が年40万円で、非課税期間が20年間なので、最大８００万円までです。それが一挙《いっきょ》に**１８００万円まで拡大**されたのです。

金融広報中央委員会が毎年公表している「家計の金融行動に関する世論調査」（２０２２年）によると、50代の平均的な金融資産保有額は１６８４万円です（二人以上世帯）。ということは、大半の人は、これだけの非課税保有限度額を与えられても、恐らく使い切ることができないでしょう。そう考えれば、1800万円の非課税保有限度額は、必要にして十分であるといえるのではないでしょうか。

結婚している人であれば、夫婦でそれぞれ1800万円の非課税保有限度額を持つことによって、合わせて3600万円の非課税保有限度額を手に入れることになります。もし、これに確定拠出《きょしゅつ》年金の拠出限度額も合わせたら、相当な額になるはずです。

確定拠出年金については後で触れますが、たとえば企業型確定拠出年金とiDeCo（個人型確定拠出年金）を利用して、毎月5万5000円の拠出限度額を利用できるとしたら、1年間で66万円、50歳から60歳までの10年間で660万円を非課税で運用できます。これに新NISAの非課税保有限度額の1800万円を加えたら、それだけで2460万円。夫婦で同じことをすれば4920万円です。

なお、**非課税保有限度額は、評価残高（時価）ではなく、買付《かいつけ》残高（簿価）で管理されます**。運用の結果、1800万円の評価残高になったら、それ以上は新NISAの口座で投資ができない、ということではありません。もし、買付残高が1500万円であれば、運用によって評価残高が1800万円になったとしても、その新NISAの口座ではあと300万円投資できるということです。

投資できる商品には制限がある

新NISAでは非課税保有限度額が1800万円になりますが、これは「つみたて投資枠」と「成長投資枠」の2つの枠に分けられます。

つみたて投資枠は、基本的に現行のつみたてNISAの延長だと考えていいでしょう。

つみたて投資枠を用いて積立投資できるのは「長期の積立・分散投資に適した一定の投資信託」で、「現行のつみたてNISA対象商品と同様」とされています。「一定の」というのは、金融庁が定めた基準に合っているものだけが投資対象になるということです。

金融庁が基準を設けていることをもって、つみたてNISAの投資対象となっている投資信託は「金融庁のお墨付《すみつ》き」だという人がいますが、これは誤解を招《まね》く表現です。金融庁は、届け出のあった投資信託を、一定の基準で選別しているだけです。

次に**成長投資枠ですが、これは現行の一般NISAの延長線上にあるもの**と考えてください。投資できるのは、一定の条件を満たした株式の個別銘柄や投資信託などです。まだ金融庁から具体的な発表はありませんが、REITなども対象になるでしょう。

「一定の条件」とは、株式の個別銘柄については、整理・監理銘柄でないこと。整理銘柄とは上場廃止基準に該当し、上場廃止が決まった銘柄のことです。また、監理銘柄とは、上場廃止基準に該当する可能性があると、証券取引所に指定された銘柄です。

投資信託については、運用期間が20年未満のものや、高レバレッジ型、毎月分配型は対象外になります。レバレッジ型とは、株価インデックスの値動きに一定の倍率を掛けた数字に連動するもので、その倍率が高いものが高レバレッジ型です。その分、リスクが高い商品です。また、毎月分配型とは、その名の通り、毎月分配金が出るものです。運用資金がなかなか増えないため、長期投資のメリットを活かしにくい商品です。

成長投資枠の対象になる投資信託は全体の3分の1程度になるという記事が新聞に掲載

されていましたが、私は、実際には投資するに値する投資信託の本数はもっと少ないのではないかと思います。

というのも、純資産総額の規模が50億円に満たないような投資信託は、運用の持続性という面でいささか疑義があるからです。前述したように投資信託の約款には「繰上償還条項」というものがあり、受益権口数が一定の口数を下回ると、償還期日前でも繰上償還されてしまうケースがあります。恐らく、純資産総額が50億円に満たない状況になると、そのリスクが高まると考えられます。

では、純資産総額が50億円に満たない投資信託は、全体のうちどの程度を占めるのでしょうか。2023年1月時点の数字で見ると、5704本ある追加型公募投資信託のうち、純資産総額が50億円に満たないものは、実に3600本程度もありました。つまり、長期投資を前提にした場合、純資産総額が50億円未満という条件でスクリーニングした段階で、すでに全体の3分の2に近い投資信託が投資するに値しないということになるのです。

そこから、信託期間の残りが20年以上あること、高レバレッジ型の投資信託と毎月分配型の投資信託は除外すること、という条件を加味すると、成長投資枠で買える投資信託は、さらに少なくなってしまうと考えられます。

新NISAのポイント③
「つみたて投資枠」と「成長投資枠」を併用できる

一般NISAとつみたてNISAは併用《へいよう》が認められておらず、どちらか一方しか利用できませんでしたが、**つみたて投資枠と成長投資枠は併用ができます。**

つみたて投資枠の年間投資枠は120万円です。ということは、毎月10万円ずつ積立投資をして、1年間で120万円の投資元本を積み立てる、という使い方ができます。つみたてNISAの非課税投資枠は年40万円ですから、3倍に拡大されたことになります。

また、つみたてNISAで非課税になるのは最大800万円（40万円×20年間）でしたが、新NISAのつみたて投資枠は最大1800万円ですから、2倍以上に増えます。

成長投資枠の年間投資枠は、つみたて投資枠よりも大きい240万円です。一般NIS

Aは年間120万円ですから、2倍になりました。

総額では、一般NISAの非課税期間は5年なので、最大600万円でしたが、成長投資枠では最大1200万円と、こちらも2倍です。

新NISAの非課税保有限度額は1800万円で、そのすべてをつみたて投資枠だけで使うことはできますが、成長投資枠では、そのうちの1200万円までしか投資することができません。

つみたて投資枠と成長投資枠を目いっぱい活用すると、両方で年間360万円まで投資できます。非課税保有限度額は1800万円（うち、成長投資枠は1200万円）なので、資金面に余裕のある人であれば、**最短5年間で非課税保有限度額を満たすことができます。**

新NISAのポイント④
解約・売却をした非課税枠を再利用できる

新NISAでは、購入した投資信託や株式の解約や売却をすると、その分の非課税枠を

図3-3 新NISAでは非課税枠を再利用できる

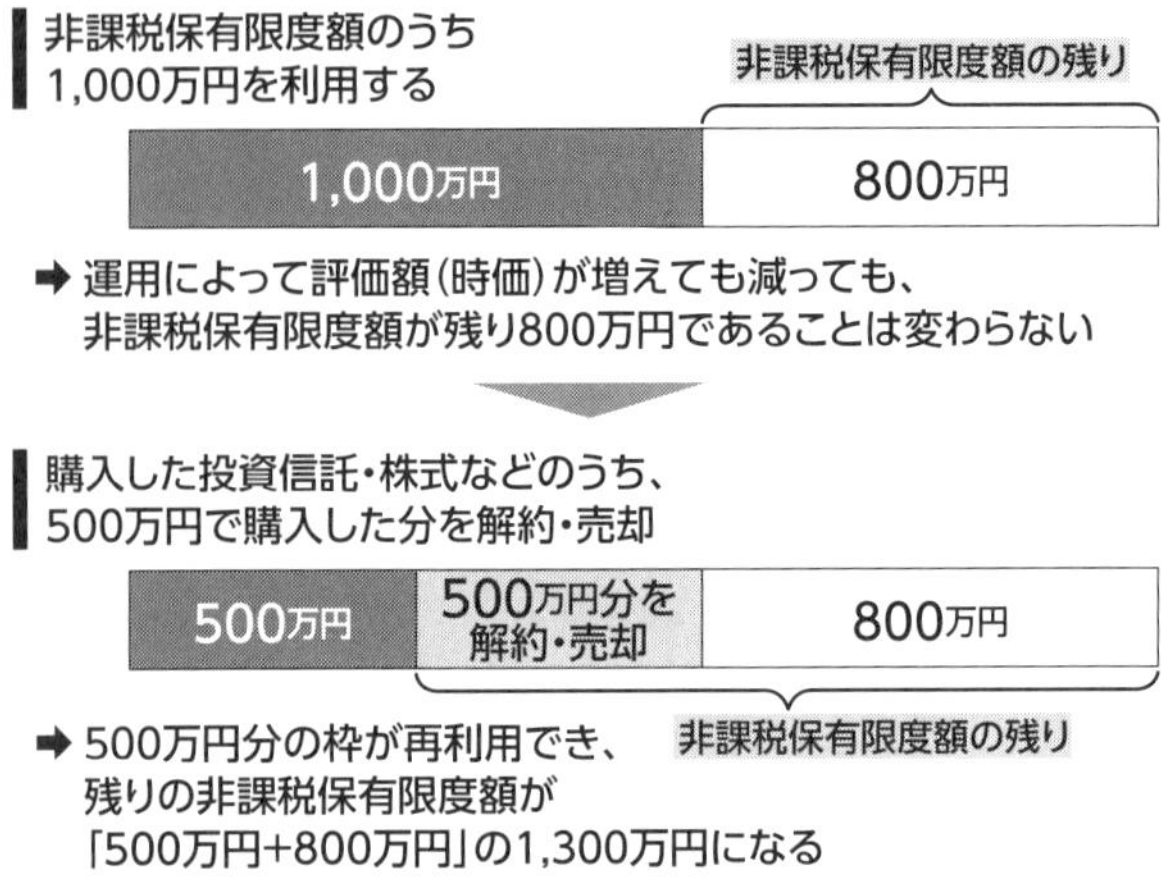
非課税保有限度額のうち
1,000万円を利用する
非課税保有限度額の残り
1,000万円
800万円
➡運用によって評価額(時価)が増えても減っても、
非課税保有限度額が残り800万円であることは変わらない
購入した投資信託・株式などのうち、
500万円で購入した分を解約・売却
500万円
500万円分を
解約・売却
800万円
➡500万円分の枠が再利用でき、
残りの非課税保有限度額が
「500万円+800万円」の1,300万円になる
非課税保有限度額の残り

再利用できます。

たとえば、新ＮＩＳＡで１０００万円を投資すると、非課税保有限度額は残り８００万円になります。その後、５００万円で購入した分だけ投資信託や株式を解約・売却すると、この５００万円分の非課税枠が再利用できるようになり、残りの非課税枠が１３００万円になるのです。

一般ＮＩＳＡには毎年１２０万円の非課税投資枠が設けられており、最長５年間の非課税期間で最大６００万円を非課税で運用できますが、たとえば、その非課税枠をすべて使っていて、１年目に投資した１２０万円分の投資信託や株式を解約、もしくは売却して利益を確定させたとします。すると、一般NISAで運用している投資額が「600万円－120万円＝480万円」になりますが、さらに120万円を上乗せして600万円を運用する、ということはできませんでした。一度使った非課税枠の再利用はできなかったのです。

新NISAでは、制度が恒久化され、非課税期間が無期限化されることによって、いつでも非課税で資産を運用できるようになります。

長期間運用するなかでは、一時的な資金需要が生じた時、預貯金を解約するだけでは足りず、どうしても新NISAで運用している投資信託や株式を解約もしくは売却せざるを得ないケースも十分に考えられます。そのような時に、解約や売却をした後の非課税枠を再利用できないことになっていたら、その度に非課税枠が減っていってしまうので、長期的な資産形成に役立たない恐れがあります。

NISA制度の恒久化と非課税期間の無期限化のメリットを活かすためには、非課税枠を再利用できるようにすることが必須《ひっす》だったのです。

現行のNISAで投資を始めたほうが新NISAを待つより得

誤解している方が多いのですが、**一般NISAにしてもつみたてNISAにしても、2024年1月から新NISAが始まるのと同時に非課税期間が終了するわけではありません。**

2023年末までに一般NISAで購入した投資信託や株式などから得られる利益は、2027年末まで非課税になります（購入した年を起算日として5年間）。つみたてNISAも、2023年末までに積み立てた分に発生する運用収益は、2042年末まで非課税になります。

新NISAは、一般NISAやつみたてNISAといった現行のNISAとは別のものです。2024年以降は、一般NISAやつみたてNISAを使って投資信託や株式を買うことはできなくなりますが、一般NISAやつみたてNISAの非課税投資枠を使った運用は、非課税期間が終わるまで続けられます。

つまり、2023年中に現行のNISAで運用を始めれば、1年分（一般NISAなら120万円、つみたてNISAなら40万円）の非課税投資枠が得られて、非課税期間が終わるまで運用できるうえに、2024年に新NISAでの運用を始めれば、1800万円の非課税保有限度額がプラスして得られるのです。

ですから、「新しいNISAがスタートしてから投資を始めればいいや」ではなく、**現行のNISAを使って投資を始めておいたほうが、より大きな非課税投資枠を獲得でき、有利な資産形成ができます。**この点は是非とも強調しておきたいところです。

気になる金融所得課税の強化

これだけの非課税保有限度額ができたことで気になるのが、「金融所得課税の強化」です。

これは、岸田現首相が、2021年9月、自民党総裁選の際に自身の看板政策のひとつとして掲《かか》げたものです。結局、この政策にはあまりにも反発が強く、この情報が伝わるや否《いな》や株価が急落したこともあって、ひとまず先延ばしになりました。

しかし、新ＮＩＳＡで１８００万円の非課税保有限度額ができたことによって、再び金融所得課税の強化が蒸し返されるのではないかと私は考えています。

理由は、誰も文句をいわないと思うからです。

「そんなことはないだろう」と思うかもしれません。今は、ＮＩＳＡを使わなければ、資産を運用して得た利益に対して20・３１５％の税金がかかります。これがもし、たとえば30・３１５％になったりしたら、まさに大増税です。

でも、よく考えてみてください。新ＮＩＳＡによって、私たちは１８００万円もの生涯活用できる非課税保有限度額を得られるのです。夫婦で個々に口座をつくれば、３６００万円です。大半の人は、夫婦で３６００万円の非課税保有限度額のなかに、自分たちが持っている金融資産がすべて収まるはずです。

ということは、たとえ税率が30・３１５％になっても、40・３１５％になっても、新ＮＩＳＡを使って投資すれば、運用益に対する税金はゼロで済みます。

このように考えると、金融所得課税の強化を実際に行ったとしても、恐らく大半の個人からは文句が出てこないのではないかと思うのです。

もちろん、預貯金の利息に対する税金は上がります。ただ、預貯金に適用されている利率が、早晩《そうばん》、急激に上昇することはあるでしょうか。

これは何ともいえませんが、日本のインフレ率が4・2％に達し（2023年1月）、マーケットで形成される金利のなかで基本となる10年物国債の利回りが、0・2％から一時的に0・5％に達した（同月）にもかかわらず、定期預金の利率は年0・002％に貼り付いたままでした。

これは日本銀行が短期金利の水準を低めに抑え続けたからですが、銀行も、預金でお金を集めたとしても、それを貸し出す先がなくて困っていますから、預貯金の利率を上げる必要性がどこにもありません。

このように考えると、そう簡単に預貯金の利率が上昇することはなく、この低金利がしばらく続くかもしれません。もしそうであれば、仮に預貯金の利息に対する税率が上昇したとしても、大半の人にとっては痛くも痒《かゆ》くもない話です。

このように考えると、新NISAがスタートすると、金融所得課税の強化を非常に実現しやすい環境になるといえます。この原稿を書いている2023年4月現在、まだこのような議論は出てきていませんが、そう遠くない将来のどこかの時点で、この話題は浮上してくるものと考えています。

そして、新NISAを利用することによって得られる税制メリットと、金融所得課税強化のニュースが話題に上《のぼ》った時、「貯蓄から資産形成へ」の動きが加速するのではないかとも思います。

アベノミクスで増えなかった個人消費が新NISAで増える⁉

アベノミクスによって、株価は上昇しました。しかし、ほとんどの国民は所得も資産も増えませんでした。それは、ほとんどの国民は投資をしていないからです。

もし、国民の大多数が投資をしていれば、株価が上がったことによって、資産や金融所得が増えた人が多くいたはずです。そして、今後もそれが続くと思えば、個人消費を増やしたでしょう。すると、景気がよくなり、GDPも上昇したはずです。

日本は、バブル経済が崩壊した後、30年にわたる非常に長いデフレを経験しました。「もう少し待てば、もっと値段が下がるだろう」という考え方からなかなか抜け出すことができず、結果、日本人の消費マインドは、とんでもないレベルにまで落ちてしまいました。

もちろん、日本経済がここまで駄目になった原因は、消費者に蔓延《まんえん》したデフレマインドだけではありません。究極的にいえば、産業界の責任も大きいと思います。

なぜ日本の産業界が競争力を失ったのかというと、その答えはひとつです。日本の産業界が、さらに努力することを怠《おこた》ったからです。

1980年代の日本は、自他ともに認める技術立国でした。そこからさらに努力をすれば、日本は第2位に大きな差をつけた世界トップの技術大国になれる可能性が十分にあったのです。そうであるにもかかわらず、今の体《てい》たらくを見ると、自分たちの技術力に胡坐《あぐら》をかいていたとしか思えません。そして、「この駄目になった産業界に活《かつ》を入れられるのは、日本の消費者を除いて他にいないと思います。

新ＮＩＳＡが普及して、大勢の個人が資産形成に取り組めば、恐らく、日本人一人あたりの金融所得が増えていきます。すると、消費が刺激されます。それによってＧＤＰも押し上げられます。その結果、税収も増えていくでしょう。「損して得とれ」という表現が正しいかどうかはともかく、国からすれば、新ＮＩＳＡによって金融所得から得られる税金は減るものの、回りまわって税収が増えることになるわけです。

そして、このロジックが正しいということになったら、１８００万円という非課税保有限度額が２０００万円、３０００万円というように引き上げられ、やがて完全に撤廃《てっぱい》されるかもしれません。そうなった時、日本経済は再び成長軌道に乗っているはずです。

日本はこの30年間で成熟社会になりました。成熟社会で生きている人たちは、ものを見る目が肥《こ》えています。食事ひとつをとっても、何でもとにかく腹に入ればいいということではなく、美味《おい》しいことはもちろん、健康にいいなど、付加価値の高いものを優先させます。

企業としては、こうしたものを見る目が肥えた消費者を相手にしなければなりませんから、商品開発競争が激しくなり、生き残った企業は非常にレベルアップしていきます。つまり日本の消費者が持っている厳しい目が、日本の産業界を再び強くしていくのです。

国内の消費者の期待に応えるべく日本の産業界がレベルアップをしていけば、結果として、対外的な競争力も高まります。

こうして産業界がスケールアップしていけば、着実にGDPが上がり、国民の勤労所得も増えていくでしょう。

こうして金融所得と勤労所得が両輪で回るようになると、日本はいよいよ失われた30年から脱却できるのです。

NISA・新NISAは確定拠出年金よりも自由度が高い

ところで、個人が利用できる投資非課税制度には、NISAの他に、「確定拠出年金（DC）」もあります。そこで、本章の最後に、確定拠出年金についても簡単に触れておきましょう。

両者とも、投資信託を中心にして、その運用益に対する課税を非課税にする制度であるため、ともすれば混同してしまいがちですが、明らかに両者は異なる制度なので、きちんと整理しておく必要があるでしょう。

確定拠出年金とＮＩＳＡを実際に始めてみて分かる大きな違いは、制度設計の自由度だと思います。ＮＩＳＡは比較的手軽に利用できる投資非課税制度ですが、確定拠出年金はあくまでも「年金」なので、ＮＩＳＡに比べてさまざまな縛《しば》りが多いのです。

所管省庁も、ＮＩＳＡ・新ＮＩＳＡは金融庁ですが、確定拠出年金は厚生労働省で、全く別です。

たとえば、ＮＩＳＡ・新ＮＩＳＡの場合、非課税投資枠を満たすところまで絶対に投資をしなければならない、という決まりはありません。「今月は厳しいので積立を一時中止しておこう」と思うなら、本人の意思で自由に一時中止にできます。それまで購入した投資信託を解約することも、いつでも可能です。

ところが、確定拠出年金の場合、それができません。

確定拠出年金には「企業型」と「個人型（ｉＤｅＣｏ）」があります。企業型は、勤務先企業の福利厚生として、企業が掛け金を拠出する形になるため、加入している個人の負担感はないでしょう。しかし、iDeCoの場合は、個人が自分の財布から掛け金を拠出する形になるため、「今月は家計が厳しいので払いたくない」という時もあると思います。でも、それが非常に難しいのです。

もし、iDeCoの毎月の掛け金を払えなくなった場合は、その額を減額するか、もしくは拠出を停止するかのいずれかを選ぶことになりますが、拠出額を変更する場合は、運営管理機関というところに「加入者掛金額変更届」を提出しなければなりませんし、拠出を一時停止するためには同じく「加入者資格喪失届」を提出しなければならないという、面倒な手続きが必要です。解約するとなると、原則として60歳になるまで、よほどの理由がない限り認められません。

確定拠出年金は資産形成のためのツールではありますが、公的年金と同様、社会保障制度に近い性質を持っているため、自由度が極めて低いのです。

確定拠出年金の税制メリット

確定拠出年金は「年金」だと申し上げましたが、もう少し詳しくいうと、「私的年金」と呼ばれるものです。

定年退職後に受け取れる年金には、公的年金と私的年金があります。

公的年金は、おおまかにいうと2段階になっています。ベースになるのが「国民年金」で、日本に住んでいる20歳以上60歳未満の人は全員加入が義務付けられており、加入している人全員が、原則65歳になった時点から受け取れる年金です。全加入者が等しく均等に受け取れる年金ということで、「基礎年金」という言い方が用いられることもあります。

次に「厚生年金」です。これは原則としてすべての会社員、公務員が加入するものです。企業や役所、学校などに雇われている人は国民年金と厚生年金に加入していて、原則65歳以降に、その両方の年金を受け取れます。

一方、確定拠出年金などの私的年金は、加入が義務付けられているものではありません

（ただし、勤務先の企業が企業型確定拠出年金制度を導入していて、従業員は自動的に加入することになっている場合もあります）。

企業型確定拠出年金は、勤務先が毎月の掛け金を年金口座に積み立ててくれて、その運用先を従業員が自分の判断で決定するものです。そして、その運用成果によって、将来受け取れる年金の額が変わってきます。

iDeCoは、個人で掛け金を拠出するタイプの確定拠出年金です。これも自分自身で運用先を選択し、その運用成果によって、将来、受け取れる年金の額が変わってきます。

確定拠出年金の税制メリットは、まず、運用益に対する税金が非課税になることです。これはNISAと同様で、効率よく資産を増やすことができます。

さらに、企業型の場合、従業員の確定拠出年金口座に拠出する掛け金は企業が拠出しますが、所得税・住民税の課税対象にならず、社会保険料を算出する際の報酬額からも除外されます。つまり、所得税・住民税や社会保険料（自己負担分）の負担が軽減されることになります。

iDeCoの場合は、積み立てる額について所得控除が適用されるため、所得税・住民税が軽くなります。

確定拠出年金で運用したお金は、原則として60歳になると受け取ることができます。その際には税金がかかるのですが、一時金として受け取る場合は「退職所得控除《こうじょ》」、年金方式で月々受け取っていく場合は「公的年金等控除」という所得控除を受けることができます。

したがって、税制メリットだけで比較するならば、NISAよりも確定拠出年金のほうが有利になるかもしれません。とはいえ、前述したように確定拠出年金はあくまでも社会保障制度のひとつとして位置付けられているものなので、一度加入してしまったら、「やっぱりやめた」とはいえない制度的な縛りがあります。

もちろん、NISA・新NISAと確定拠出年金の両方で老後のための資産形成をできるなら、それに越したことはありませんが、**まずは自由度の高いNISA・新NISAから資産形成をスタートさせ、余裕があれば確定拠出年金を利用するという流れがいい**のではないでしょうか。

確定拠出年金の積立金額にも限度額がある

確定拠出年金にも拠出限度額が設けられています。

企業型の場合は、勤務先企業がどのような企業年金を導入しているのかによって、拠出限度額が変わります。企業型確定拠出年金のみを導入している場合だと月5万5000円が拠出限度額で、確定給付企業年金など他の企業年金も導入している場合の拠出限度額は月2万7500円です。ただし、2024年12月1日以降は、他の企業年金を導入している企業の拠出限度額は、月に「5万5000円－他制度掛金相当額」になります。

iDeCoの拠出限度額は、厚生年金に加入していない、国民年金のみに加入している自営業者などの場合は、月6万8000円（国民年金基金などとの合算枠）です。また、専業主婦のように国民年金第3号被保険者の場合は、月2万3000円が拠出限度額です。

図3-4 確定拠出年金の拠出限度額

企業型

勤務先の企業年金	拠出限度額
企業型確定拠出年金のみ	月5万5,000円
確定給付企業年金など他の企業年金も導入している	月2万7,500円 ※2024年12月1日からは月「5万5,000円－他制度掛金相当額」

個人型(iDeCo)

	拠出限度額
国民年金のみに加入している	月6万8,000円 ※国民年金基金などとの合算枠
専業主婦など (国民年金第3号被保険者)	月2万3,000円
企業型確定拠出年金や確定給付企業年金などに加入していない会社員など	月2万3,000円
企業型確定拠出年金のみに加入している会社員など	月「5万5,000円－企業型確定拠出年金の拠出額」。ただし、2万円が上限
確定給付企業年金など企業型確定拠出年金以外の企業年金のみに加入している会社員など	月1万2,000円 ※2024年12月1日からは月「5万5,000円－他制度掛金相当額」。ただし、2万円が上限
企業型確定拠出年金と確定給付企業年金などに加入している会社員など	月「2万7,500円－企業型確定拠出年金の拠出額」。ただし、1万2,000円が上限 ※2024年12月1日からは月「5万5,000円－(企業型確定拠出年金の拠出額+他制度掛金相当額)」。ただし、2万円が上限

※「他制度掛金相当額」は加入している確定給付企業年金などの制度ごとに定められる

ややこしいのが、企業などに勤務している場合です。

企業型確定拠出年金や確定給付企業年金などに加入していない企業で働いている人は、iDeCoに月2万3000円まで拠出することができます。

企業型確定拠出年金のみに加入している場合は、企業型確定拠出年金の拠出額との合計が月5万5000円となる金額まで、iDeCoに拠出することができます。ただし、月2万円が上限です。

また、企業型確定拠出年金と、確定給付企業年金などの他の企業年金にも加入している場合は、企業型確定拠出年金の拠出額との合計が月2万7500円となる金額まで、iDeCoに拠出できます（2024年12月1日以降は、企業型確定拠出年金の拠出額と他制度掛金相当額との合計が月5万5000円となる金額まで）。ただし、月1万2000円が上限です（2024年12月1日以降は月2万円）。

確定給付型企業年金など、企業型確定拠出年金以外の企業年金のみに加入している場合は、月1万2000円が拠出限度額です（2024年12月1日以降は、他制度掛金相当額との合計が月5万5000円となる金額まで。ただし、2万円が上限）。

確定拠出年金も運用先の中心は投資信託

確定拠出年金の運用先には「元本確保型」と「価格変動型」の2つがあります。元本確保型は基本的に元本割れリスクがなく、預金や保険商品で運用されます。もちろん、元本の安全性が高い分、収益性は期待できません。

一方、価格変動型の運用先の中心は投資信託です。

企業型の場合、その企業がどの運営管理機関と組んでいるかによって、購入できる投資信託のラインナップが変わってきます。あらゆる投資信託を選べるわけではなく、選択肢の幅はかなり狭まります。

対してｉＤｅＣｏの場合は、自分で運営管理機関を選ぶことができます。運営管理機関には銀行、証券会社、保険会社、年金コンサルティング会社などがありますが、金融機関が中心です。

ｉＤｅＣｏに加入する場合は、運営管理機関として登録されている複数の金融機関を比較して、どういう投資信託で運用できるのかを把握してから、どこに口座を開設すべきかを考えるのがいいでしょう。

「ｉＤｅＣｏ　対象ファンド」といったキーワードを打ち込んでインターネットを検索すれば、さまざまな金融機関（運営管理機関）が扱っている投資信託の一覧を見ることができます。

第4章

新NISAの正しい使い方

資産形成に焦りは禁物

前章で新NISAの制度について説明しました。本章では、その制度を使って、どのように資産運用をすればいいのかを述べていきます。

資産形成に焦《あせ》りは禁物です。焦っていいことなどひとつもありません。それは、新NISAを使う場合も、50歳を過ぎてからの資産形成でも同じです。

最近は65歳定年制を導入している企業も増えているものの、50歳になると、そろそろ60歳での定年退職が見えてきます。

また、55歳くらいになると役職定年を迎え、役職を降ろされる企業もあります。すると、権限もなくなるし、給料も下がります。

さらに、60歳で定年を迎えてからも雇用延長によって65歳まで働き続ける人も多いですが、これまた給料が大幅に下がります。定年前に比べて5割程度下がるというケースも多いようです。

その現実を突き付けられて、「資産形成を急がなければ」と焦る人もいるでしょうが、大丈夫です。健康寿命を考えると、皆さんの老後は70歳以降です。50歳の時点では、まだ約20年あります。20年という時間があれば、十分に長期投資ができます。

なぜ焦りが禁物なのかというと、それによって取り返しのつかないミスを犯す恐れがあるからです。焦るあまりに、たとえばリスクの高い投資商品にたくさんのお金を注《つ》ぎ込んでしまい、その後の暴落で資産の大半を失ったというケースは、枚挙《まいきょ》に暇《いとま》がありません。

最近のケースでいうと、「仕組債《しくみさい》」が代表的でしょう。この手の商品のリスクを理解せずに購入してしまうのは、心のどこかで「少しでも早く老後の資金をつくらなければ」という焦りがあるからだと思います。

長期投資をお勧めする理由①
世界の人口はまだまだ増え続けるから

資産形成は、長期でするのが基本です。

そういう話をすると、時々、このようにいって反対する人がいます。

「今のように変化の激しい時代に、20年後、30年後の世界がどうなっているのかなんて、誰にも分からないじゃないか」

「世界経済は確かに今まで成長を続けてきたけれども、それはあくまでも過去の話。これから先も今までのように成長できるという保証はどこにもない」

こうした考え方にも一理あります。この数年を見ても、新型コロナウイルスの世界的な感染拡大に伴《ともな》う経済活動の停止、ロシアによるウクライナ侵攻など、「100年に1度」ともいうべき異常事態がいくつも起こりました。そのような時代において、30年後の未来の確実性など保証できないという声が上がるのは当然でしょう。

長期投資は、世界経済が今後も成長し続けるという前提が信じられなければ、できません。

したがって、前述したような理由で、世界経済の将来の成長に期待できない人は、そもそも長期投資には向いていないと断言できます。

でも、**世界経済が長期的に成長すると考えられる確たる根拠が、実はある**のです。

欧州、日本などの先進国を中心に見ると、確かに昔に比べれば経済成長率は落ちています。特に日本などは、少子・超高齢社会に突入して人口が減少の一途《いっと》をたどっていますから、経済成長率が低下するのは仕方ありません。国内需要だけに応えている企業の場合、日本という国の経済成長率の低下に伴って業績が伸びなくなりますし、株価も低迷し続けるでしょう。

しかし、経済成長率が低迷している日本の企業でも、世界を相手にしているような企業は、どんどん伸びています。なぜなら、日本経済は停滞しても、世界経済はこれから先もどんどん伸びていく可能性が極めて高いからです。

その一番の根拠は人口です。日本の人口は減少していますが、世界全体で見れば、人口は増加の一途をたどっています。国連が公表している「世界人口の推移」によると、2011年の世界人口は70億7300万人で、70億人台に乗りました。2050年の推計値では、97億90万人まで増える見通しです。そして直近のニュースによると、2022年11月15日に世界人口は80億人を突破しました。

国連の推計によると、2080年代のどこかで世界人口は約104億人まで増加するそうです。そして、その後は減少するかもしれないということですが、そうだとしても、あと60年近くも世界人口が増え続ける見通しです。

人口が増え続ける限り、経済は成長を続けます。なぜなら、人間は欲望を持った生き物だからです。欲望がある限り、少しでもいい服を着たいし、美味しいものを食べたいと思います。少しでもいい生活を送りたいと考えます。これが経済成長を促すエンジンになります。

このように人口が長期にわたって増加傾向をたどることが自明である限り、経済は成長し続けます。したがって、こうした世界経済の成長にお金を乗せておけば、しっかり資産は増えていくはずなのです。

長期投資をするうえでは、世界経済の成長をいかにして自分の資産運用に取り込んでいくかという点が大きなポイントになります。

デイトレーダーのように、さまざまな銘柄の株価をじっと凝視《ぎょうし》して、細かく売り買いを繰り返す必要は、どこにもありません。ただ単に、人口増加による世界経済の成長を反映するような資産に投資して、後はひたすら持ち続ければいいだけのことです。その対象になるのが、代表的なグローバル企業の株式であり、世界中の株式市場に分散投資する投資信託なのです。

ちなみに、株式の期待収益率は、大体、年5〜7%程度です。世界的な人口増加に伴う経済成長が維持されている限り、株式に投資することによってこの程度の利回りが期待できます。

もちろん、株式市場は時に大きく下落することもありますが、大きく下落した後は、大《たい》概《がい》、大きく値上がりしていきます。こうした値動きの平均値が5〜7%程度と考えてください。

大事なことは、**世界経済の未来を強く信じ、短期的な変動（下落）を許容できる気持ち。**そして、**長期投資に合った金融商品で運用する**こと。この点にさえ注意すれば、誰でも長期投資で資産形成をすることが可能です。

長期投資をお勧めする理由②
再投資効果で資産を大きく増やせるから

長期投資をお勧めするもうひとつの理由は、「再投資効果」が得られるからです。再投資効果とは、預貯金でいうところの「複利運用」のようなものです。複利運用とは、一定の運用期間中に得られた利益を投資元本に組み入れたうえで、さらに次の運用期間も運用していくというものです。この仕組みで長期間運用していくと、運用益がどんどん元本に加算されていくため、運用資金が大きく膨らみ、その分だけ利益が増えやすくなるのです。

たとえば年間の運用利回りが5%だとしましょう（なお、以降の試算において、税金などは考慮していません）。元本が100万円で、これを5%で運用できたとすると、1年目の運用益は、

100万円×5%＝5万円

になります。そして、この5万円を再投資に回しますから、当初100万円だった投資元本が105万円になります。翌年は、この105万円を元本にして、年5%で運用する形になります。すると、2年目が終わった時の運用益は、

105万円×5%＝5万2500円

になります。1年目が終わった時点の運用益は5万円でしたが、再投資をすることによって、2年目の運用益は5万2500円と、2500円も増えるのです。

これを長期間続けていくと、思った以上に運用資産が増えます。10年、20年、30年という期間で、それぞれ100万円を5%で再投資運用した場合の総資産額がいくらになるのかを計算してみましょう。

10年間……162万8894円
20年間……265万3297円
30年間……432万1942円

これに対して、再投資を一切せずに運用した場合の総資産額も、比較対象として計算してみましょう。

10年間……150万円
20年間……200万円
30年間……250万円

ものすごい差になると思いませんか？　再投資した場合と、しなかった場合とでは、10年間で12万8894円、20年間で65万3297円、30年間で182万1942円もの差が生じてしまうのです。

再投資効果は、運用期間を長期にすればするほど高まります。 これは平均利回りを計算してみれば簡単に分かるでしょう。

たとえば10年間の場合、１００万円が１６２万８８９４円になったのですから、運用益は62万８８９４円です。平均すると1年あたり6万２８８９円ですから、平均利回りは年６・２８８％になります。

これと同じように20年間、30年間で運用した時の平均利回りを計算すると、次のようになります。

20年間……年８・２６６％
30年間……年11・０７３％

再投資による複利運用効果は絶大です。そもそも年５％の利回りで運用したものが、30年間、再投資を続けて運用すると、１年あたりの平均利回りが11・０７３％にもなるのです。

かの天才物理学者、アインシュタイン博士は、「人類にとって最大の発明は複利だ」といったとか、いわなかったとか。

もちろん、相場環境によって変動する可能性がありますが、資産を大きく増やすために、長期投資と再投資の組み合わせは、強力な武器になるのです。

長期投資の期間は何年間？

長期投資の話をした時、とても多い質問が「それじゃあ、どのくらい投資し続ければいいのでしょうか？」というものです。

投資信託を販売する金融機関の窓口では、「投資信託は長期の資産運用に用いる商品なので、最低でも3年くらいは保有してください」などと説明されるケースがあるようですが、これは大きな間違いです。3年間では長期投資とはいえません。

では、本当の長期投資とは、何年間運用することなのでしょうか？　10年でしょうか？

それとも20年でしょうか？

理想を申し上げると、**長期投資に期限はない**、と私は考えています。3年や5年は短期投資。10年、20年でも中期投資です。あくまでも私の独断と偏見であり、金融市場での定義は全く別であることを、まずお断りしておきますが、私はそういうものだと考えています。永久に運用し続けることこそ、本物の長期投資といってもいいでしょう。

「永久に運用するとしたら、どこでそのお金を使えばいいの？」と思う人もいるでしょう。

別に**運用している間、そのお金を使ってはいけないといっているのではありません。**お金が必要になった時は、随時、投資信託の一部を解約することによって現金を手にすればいいのです。投資信託は一部解約が可能なので、当面、必要な資金だけを解約し、残りはそのまま運用を継続できます。

「じゃあ、もしお金を使い切れなかったらどうすればいいの？」とおっしゃる方もいるでしょう。

でも、それはそれでいいのではないでしょうか。もし**自分が使い切れなかったのであれば、次の世代の人に、その資産を活かしてもらえばいい**のです。

自分に子どもがいるならば、その子どもに引き継いでもらい、そのまま子どもにも積立投資を継続してもらう。さらにその子ども、さらにその子どもというように、３代、４代と引き継いで毎月積立投資を続けていけば、相当な資産になるでしょう。

毎月３万円でも、90年間にわたって投資し続けたら、かなりの資産になります。仮に平均利回りが年５％だとしたら、単純に90年後の資産総額を計算すると、６億３４８９万２２５１円です。毎月５万円だったら、何と10億５８１５万３７５２円です。

90年後の通貨価値がどうなっているのかという問題や相続もありますが、このように、代々、積立を引き継いでいけば、あなたの子々孫々は億万長者になれるのです。

そう考えると、自分の子どもや孫たちが、世の中のためになるような、よりよいお金の使い方ができるよう、お金の使い方をきちんと伝授する必要もあります。昨今《さっこん》では高校家庭科における金融教育がよく話題に上りますが、学校で教える以上に大事なことは、健全な金銭感覚を身につけたご両親が、家庭教育の一環として、子どもにちゃんとしたお金との向き合い方を教えることだと思います。

積立投資をお勧めする理由①
少額でも投資を始められるから

「なぜ投資をしないのですか?」という質問に対して、「ある程度、まとまったお金ができたら投資を始めようと思っている」と答える人がいます。

ところが、このように答えた人で、お金が一定額貯まったところで投資を始める人は、実はほとんどいません。


確かに昔は、100万円程度の資金がないと株式投資を始められないというケースはありました。株式投資はお金持ちがやるものというイメージは、あながち間違ってはいなかったのです。

でも、今は株式投資でさえ1万円にも満たない金額でできる世の中になりました。まして や**投資信託に至っては、毎月100円から積立投資できる金融機関もあります。**この程度の少額資金で投資できるのですから、「まとまったお金ができたら投資をする」などといっているのは、単に投資をしたくないことの言い訳に過ぎないのです。

もちろん、少額資金で投資できるからといって、投資信託を1万円だけ購入して放置していても、全く資産形成はできません。**少額投資は積立投資とセットにして初めて高い効果を得ることができる**のです。

1万円で投資をするのであれば、1回こっきりではなく、毎月1万円ずつ積み立てていきます。そして、それを10年、20年、30年と続けることによって、より大きな資産が築かれていくのです。

ちょっと厳しいことをいうと、毎月1万円だけではよほど積立投資の期間を長くしないと、満足のいく資産形成はできません。たとえば毎月1万円を20年間積み立て、それを年平均5％で運用できたとしても、20年後の資産額は411万円程度です。でも、これを40年間続ければ、資産額は1526万円程度になります。

本気で資産形成をするならば、自分の年齢が上がって収入が増えた時には、その分だけ積み立てる金額を増やすのが理想です。

ただ、どのようなスタイルで資産形成をするにしても、まずは積立投資をスタートさせないことには何にもなりません。そのきっかけが毎月1万円の積立投資なのです。

お金を持っていないのは、皆、同じ

実際のところ、50代の人たちは、どのくらいの金融資産を持っていると思いますか？「資産」ということでいえば不動産も含みますが、本書では預貯金、株式、投資信託といった金融資産に限定して話を進めていきましょう。

これにはしっかりした統計があります。前述したように、金融広報中央委員会が毎年公表している「家計の金融行動に関する世論調査」（2022年）によると、50代の平均的な金融資産保有額は1684万円です（二人以上世帯）。

「え？　そんなに持っているの？」と驚かれた方もいらっしゃるのではないでしょうか。

でも、この数字はあくまでも平均値です。平均にはちょっとしたトラップがあります。大きな数字に引っ張られる特性があるのです。

たとえば、それぞれの金融資産保有額が1億円、100万円、80万円の3人がいるとしましょう。この3人の金融資産額の平均値がいくらになるのかというと、

（1億円＋100万円＋80万円）÷3＝3393万円

です。1億円もの金融資産を持っている人の金額に、平均値が引っ張られているのが明らかに分かります。金融資産保有額が100万円の人、80万円の人からすれば、「どこのお金持ちの話？」ということになります。つまり平均値はあまりあてにならないのです。

そこで使われるのが「中央値」です。データを大きさの順に並べた時、全体の中央に位置する数字のことです。先ほどの例の1億円のように、突出した数字に引っ張られてしまうのを防ぎ、より実態に近い数字を把握するために用いられます。

この中央値で50代の金融資産額を見ると、810万円です。平均値の実に半分程度に過ぎません。この金額のほうが、50代の人たちの多くにとって実感に近いでしょう。

さらにいうと、これらの数字はあくまでも50代で金融資産を持っている人たちの平均値であり、中央値です。裏を返すと、金融資産を全く保有していない人たちの数字は、ここに含まれていません。

では、50代で金融資産を保有していない人はどのくらいいるのでしょうか？　これも「家計の金融行動に関する世論調査」に出ています。実に24・4％の人たちが、50代で金融資産を保有していないのです。約4人に1人です。

これらの数字から察することができると思いますが、意外と皆、お金を持っていないのです。同窓会に参加した時、周りにいる同級生のうち4人に1人はほとんど貯蓄を持っておらず、仮に持っていたとしても、多くの人は810万円程度の金融資産しか保有していないのが実情です。

だから、「今さら資産形成を始めても手遅れだ」などといって、いじける必要は一切ありません。50代になった人の多くは、70歳に向けて、「よーい、どん！」でこれから長期投資を始めるのです。決してあなた一人ではありません。

そう考えると、少し気が楽になるのではないでしょうか。

積立投資をお勧めする理由②

「時間分散（ドルコスト平均）効果」が得られるから

積立投資の最大の利点は、前述したように、少額資金で無理なく投資を続けられることです。それとともに、投資につきものの**価格変動リスクを軽減できる**効果が期待できます。

価格変動リスクを軽減させるためには、毎月、一定金額を積み立てる必要があります。そうすると、基準価額が高い時には口数を少なく、基準価額が安い時には口数を多く投資信託を買い付けることになるため、高値《たかね》をつかむリスクが減るのと同時に、安値《やすね》をしっかり仕込めるようになります。

実際に計算例を挙げてみましょう。毎月の購入金額を2万円の定額にして、3カ月間、合計6万円分の投資信託を購入するとします。

1万口あたりの基準価額が1万円の時、2万円で購入できる口数はいくらかというと、2万口です。

翌月、1万口あたりの基準価額が1万5000円になると、どうなるでしょうか。1口あたりの基準価額は1・5円です。これを2万円で買い付けると、1万3333口になります（ここでは、効果をわかりやすく示すために、極端な基準価額変動を想定しています）。

さらに翌月、1万口あたりの基準価額が5000円になったらどうでしょうか。1口あたりの基準価額は0・5円ですから、2万円で買い付けられる口数は4万口になります。

この3カ月で購入した口数は、2万口＋1万3333口＋4万口で、合計7万3333口になります。そして、3カ月目の1口あたり基準価額は0・5円なので、評価額は3万6666円になります。

一方、初月に1万口あたり1万円の基準価額で6万円分、一括投資したとしましょう。すると、翌々月に1万口あたり5000円まで値下がりした時の評価額は3万円です。毎月2万円ずつ定額で積立投資をした場合の評価額である3万6666円を下回ることになります。

図4-1 時間分散（ドルコスト平均）効果

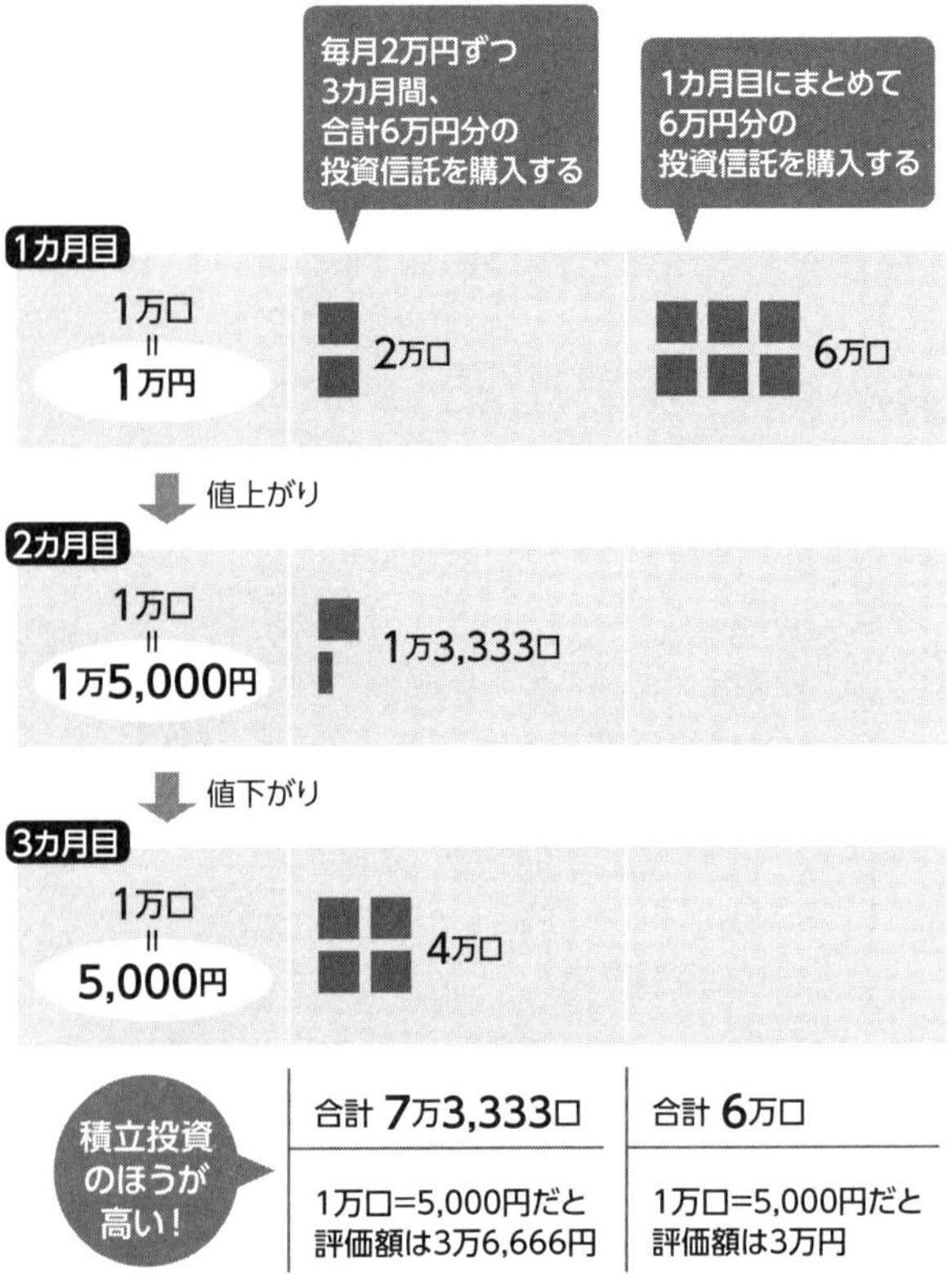
毎月2万円ずつ
3カ月間、
合計6万円分の
投資信託を購入する
1カ月目にまとめて
6万円分の
投資信託を購入する
1カ月目
1万口
=
1万円
2万口
6万口
値上がり
2カ月目
1万口
=
1万5,000円
1万3,333口
値下がり
3カ月目
1万口
=
5,000円
4万口
積立投資のほうが高い！
合計 7万3,333口
1万口=5,000円だと
評価額は3万6,666円
合計 6万口
1万口=5,000円だと
評価額は3万円

これは、基準価額が1万5000円まで値上がりした時に1万3333口しか購入せず、逆に基準価額が5000円まで値下がりしたところで4万口も購入したため、平均の買付単価を引き下げる効果が得られたからです。これは金融業界で慣用的に「ドルコスト平均効果」と呼ぶ時間分散の効用です。

ここではたったの3カ月間の事例を挙げましたが、これを10年、20年と続けていくと、さらに時間分散効果が高まります。

平均の買付単価を引き下げられれば、基準価額が下落したとしても、損をするリスクを軽減できます。あるいは、損失が生じたとしても、損失幅を最小限に抑えることができます。

これは講演などでよくいうのですが、**長期にわたって積立投資を続けていると、自分がいくらで買ったのかが気にならなくなってきます。これが長期の資産形成にはとてもいいこと**なのです。

積立投資をお勧めする理由③
利益確定のために売りたくなるのを防げるから

たとえば投資信託を1万円で買ったとします。この「1万円」という買い値が分かっている状況で、それが1万5000円に値上がりしていることが分かったら、どう思いますか？「この値上がり益で何が買えるかな」などと、知らず知らずのうちに、頭のなかで金銭計算を始めてしまうのではないでしょうか。

投資信託の基準価額は、日々、変動します。値上がりすることもあれば、値下がりすることもあります。今は買い値から見て5000円値上がりしていますが、この先、基準価額が下落したら、5000円の値上がり益が4000円、3000円に減ってしまうかもしれません。せっかく得られた値上がり益を失いたくないという気持ちが先に立つようになり、結果、利益確保を優先して解約してしまうケースがあるのです。

　でも、よく考えてみてください。あなたはたったの５０００円の値上がり益を得るために、投資信託を買ったのでしょうか？

　違いますよね。短期的に大きな値動きを狙うのは単なる投機です。長期投資は20年、30年という期間をかけて、投資した元本を３倍、５倍に増やすのが目的です。５０００円の値上がり益など、まだまだスタートラインに立った程度なのです。

　このような間違った投資行動をとらないようにするためには、積立投資が一番いいのです。

　毎月一定金額で購入し続けていると、平均した購入単価も常に変動していきます。その結果、長期間にわたって積立投資を続けていくうちに、自分の平均的な購入単価がいくらかも気にならなくなってきます。これによって、「５０００円の値上がり益が得られたから解約して利益確定させよう」という誘惑に打ち克《か》つことができます。

このように積立投資には、少額資金からでも手軽に投資をスタートさせられるとともに、結果的に長期投資を促進する効果があるのです。

1800万円の非課税保有限度額すべてを積立投資に使おう

前章で説明したように、新NISAには「つみたて投資枠」と「成長投資枠」が設けられています。年間投資枠は、つみたて投資枠が120万円、成長投資枠が240万円の合計360万円です。

成長投資枠のほうが大きいので、何となく、成長投資枠を中心に投資したほうがいいのではないか、という気がするかもしれません。

でも、本当は逆です。**新NISAは、成長投資枠よりも、つみたて投資枠を重視した設計になっている**のです。

それを端的《たんてき》に示しているのが、1800万円の非課税保有限度額のなかの、つみたて投資枠と成長投資枠の上限金額です。

図4-2　成長投資枠も積立投資に使おう!

50〜60歳の10年間で新NISAの
非課税保有限度額（1,800万円）を全額使うなら……

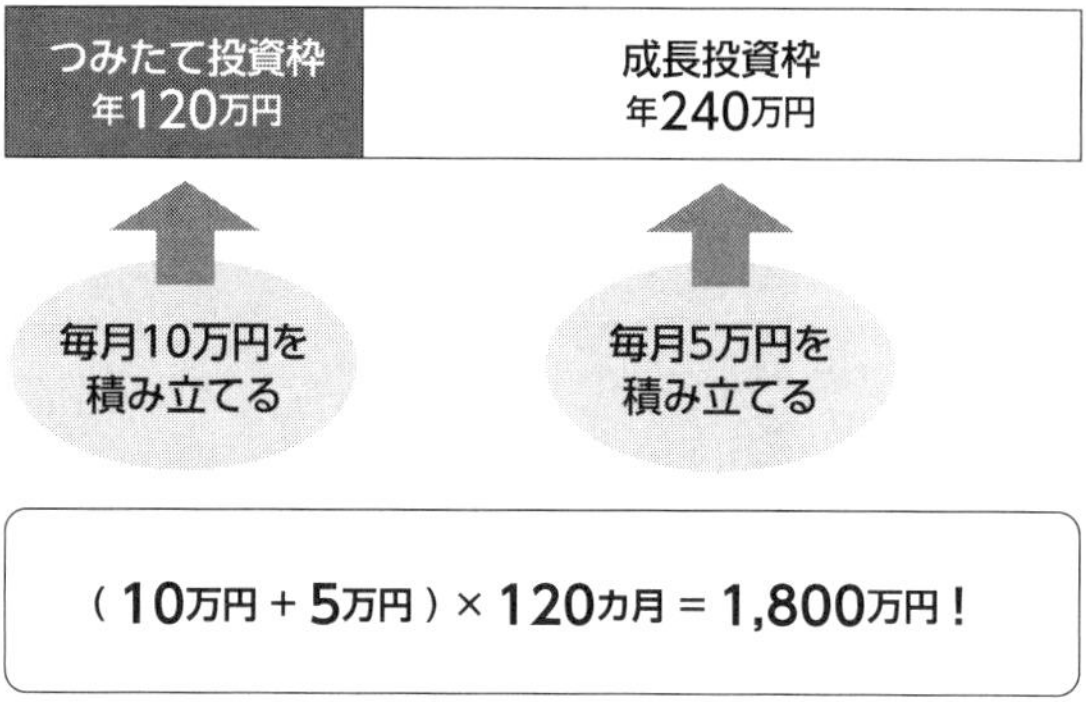

１８００万円という非課税保有限度額のうち、成長投資枠で投資できる金額は１２００万円までです。これに対して、つみたて投資枠では１８００万円全額まで投資することができます。

たとえば、毎月５万円ずつ、つみたて投資枠を利用して積立投資を続けていくと、30年間で１８００万円の非課税保有限度額に達します。30歳からスタートすれば、定年を迎える60歳の時点で、１８００万円＋運用益の金融資産を築くことができるわけです。

50歳から60歳までの10年間で１８００万円を積み立てようとしたら、１年間の積立金額は180万円、月々の積立金額は15万円になります。

年180万円ということは、つみたて投資枠の年間投資枠である年120万円を超えてしまいます。でも、気にする必要はありません。**「つみたて投資枠＋成長投資枠」で積み立てていけばいい**のです。つまり、月10万円をつみたて投資枠で積み立てるのと同時に、残りの5万円を成長投資枠で積み立てていくのです。

つみたて投資枠と成長投資枠を、全く別の物として考える必要はありません。成長投資枠でも積立投資はできますし、投資信託も買えます。

正直なところ私自身は、「非課税保有限度額が1800万円に拡大され、使い勝手も非常によくなったつみたてNISA」というイメージで、新NISAを捉えています。

NISAは本来、積立投資のための制度

そもそも、2014年1月にNISAが創設された当初から、金融庁は長期的な積立投資によって資産形成をするためのツールとしてNISAを利用してもらいたいと考えていました。しかし、すべての公募投資信託と株式の個別銘柄も対象にしたことから、短期的

に大きく値上がりしそうな個別銘柄や投機性の高い投資信託を買い付け、実際に大きく値上がりした時に、その値上がり益を非課税で享受したいという投資家が積極的に活用するようになってしまいました。

ＮＩＳＡの非課税投資枠は、制度が始まった当初、年１００万円でした。しかし、それだと毎月の積立投資には不向きです。12カ月で割ると、１カ月あたりの積立金額が８万３３３３円となり、端数《はすう》が生じてしまうからです。そこで金融庁は、２０１６年に非課税投資枠を年１２０万円に拡大し、毎月10万円という切りのいい金額で積立投資ができるようにしました。

このことからも、金融庁がＮＩＳＡを長期積立による資産形成をするためのツールとして位置付けていたことが分かります。

ところが、現実にＮＩＳＡを積極的に活用したのは、やはり短期的な値上がり益を狙う個人投資家でした。そうした投資家には、毎月10万円ずつ積立投資をするなどという発想は、恐らくなかったと思われます。短期で大きな値上がりが期待できそうな中小型株やレバレッジ型の投資信託などを非課税投資枠いっぱいに一括で買って、大きく値上がりしたところで売却して大儲けを狙ったのです。

そこで金融庁は、2018年1月から「つみたてNISA」を新たに創設しました。これによって、2014年1月からスタートした当初のNISAには「一般NISA」という名称が与えられることになり、現在に至っています。

つみたてNISAは、株式の個別銘柄は対象としていません。金融庁が「長期・積立・分散投資」にふさわしいと考える基準に合った投資信託だけを対象にしたのです。そして、一般NISAとつみたてNISAの併用を認めず、いずれか一方の利用しかできないこととしました。

つみたてNISAの非課税投資枠は、年間40万円と、一般NISAと比べてたったの3分の1です。ただ、非課税期間は、一般NISAの5年間よりも大幅に長い20年間とされました。

このように、本来の目的である、投資信託の積立投資による長期的な資産形成に合ったものへと改善を重ねてきたのが、これまでのNISAの歴史なのです。

「2階建て」になるはずが実施前に撤回

2019年12月に発表された「令和2年度税制改正大綱」では、NISAの大きな見直しが発表されました。2024年からスタートするはずだったのに、実施される前に撤回されるという異例の経緯をたどった、「2階建て」の制度です。

金融庁は長期的な資産形成のためにつみたてNISAをつくったのですが、短期的な利益を狙った多額の資金が一般NISAの口座に入る状況は変わりませんでした。

2022年12月時点の口座数を見ると、一般NISAは1079万9229口座なのに対して、つみたてNISAは725万3236口座。つみたてNISAも、ある程度、健闘しているように見えるのですが、問題は買付額です。一般NISAは27兆9260億4367万円であるのに対し、つみたてNISAは2兆8206億8411万円しかありません。ＮＩＳＡ全体の買付額の90％以上が一般ＮＩＳＡによるものなのです。

金融庁は、本音でいうと、一般ＮＩＳＡをなくしたいと思っていたはずです。

しかし、証券業界は一般ＮＩＳＡの存続を望んでいました。理由は、一般ＮＩＳＡを廃止すると、一般ＮＩＳＡを通じて買い付けられた30兆円近くの株式や投資信託が売却され、多額の資金が証券市場から流出する恐れがあるからです。

金融庁も、こうした証券界の意見を完全に無視することができません。そこで、一般ＮＩＳＡの口座で株式の個別銘柄に投資するためには、一定額、つみたてＮＩＳＡの対象となっている投資信託などを買わなければならないという、非常に複雑怪奇な仕組みを考え出しました。つまり、1階部分でつみたてＮＩＳＡの対象である投資信託を買って初めて、2階部分で株式の個別銘柄などに投資できるという仕組みです。

これは明らかに、一般ＮＩＳＡでの投資意欲を削《そ》いで、つみたてＮＩＳＡ中心にシフトさせていこうという狙いの表れだったと思います。

この複雑怪奇な仕組みが公表されたのが、「令和2年度税制改正大綱」でした。

あまりにも複雑な仕組みだったため、私はこれではとてもＮＩＳＡを普及させることはできないと思いました。私の経営する投資信託会社では、つみたてＮＩＳＡにはこれまで通り取り組んでいくけれども、一般ＮＩＳＡからは撤退してもいいというくらいに考えていました。

結局、さまざまな方面から批判の声が上がり、新制度が実施される前に撤回されるという異例の事態になり、新たに作り直されたのが、２０２４年１月からいよいよスタートする新ＮＩＳＡです。

積立投資の重要性に若い世代も気付き始めている

一般ＮＩＳＡを中心にして買付額を増やしてきたＮＩＳＡですが、つみたてＮＩＳＡにも、ほんのわずかではありますが、光明《こうみょう》が見えています。それは、20代、30代といった若い世代で、つみたてＮＩＳＡを積極的に活用しようという動きが見られることです。

２０１９年3月末時点におけるつみたてＮＩＳＡの口座数と買付額は、次のようになっています。カッコ内の数字は買付額です。

20代……19万3879口座（156億178万円）
30代……31万7800口座（354億1806万円）
40代……33万2217口座（385億2040万円）
50代……22万8623口座（242億5071万円）
60代……12万9679口座（134億8778万円）
70代……6万1551口座（53億2314万円）
80歳以上……1万4339口座（6億385万円）

次に、2022年9月末時点の数字を見てみましょう。

20代……134万8081口座（3979億3365万円）
30代……195万5982口座（7387億8808万円）
40代……169万3327口座（6401億1925万円）
50代……116万4439口座（4154億9329万円）

60代……49万7870口座（1884億1362万円）
70代……15万8801口座（603億2719万円）
80歳以上……2万5358口座（65億7804万円）

口座数と買付額の増加率を計算すると、次のようになります。

20代……595・32％（2450・56％）
30代……515・47％（1985・68％）
40代……409・70％（1561・76％）
50代……409・32％（1613・32％）
60代……283・92％（1296・92％）
70代……157・99％（1033・30％）
80歳以上……142・91％（989・35％）

20代、30代の口座数も買付額も大きく伸びていることが見てとれます。

２０１９年3月末といえば「老後２０００万円問題」が噴出《ふんしゅつ》する以前ですから、「老後２０００万円問題」によって老後のための資産形成に関心を持った若い世代が増えたのではないかと推察されます。

これは、決して悪い話ではありません。老後のための資産形成は長期で行うものですし、若い年齢の時にスタートすれば、その効果は非常に大きなものになります。

もちろん、本書の主な対象となる50代の人たちも、これから20年くらいの時間をかけて資産形成を行えば大きな成果が期待できますが、もし20代、30代の頃から真剣に取り組めば、その成果はさらに大きなものになるでしょう。

つみたてＮＩＳＡの口座数や買付額が20代、30代で大きく伸びているのは、とても喜ばしいことだと考えています。

分散投資をお勧めする理由

価格変動リスクを抑えられるから

続いて、資産形成の基本である「長期・積立・分散」のうち、最後の分散について説明しましょう。

分散投資には2種類あります。「時間分散」と「資産クラス分散」です。

このうち**時間分散は、前述した積立投資のことを指しています。**

では、資産クラス分散とは何か、ですが、これは株式だけ、債券だけに投資するのではなく、**世界中のさまざまな資産に分散して投資する**ことです。

たとえばセゾン投信が設定・運用している資産クラス分散型の投資信託だと、株式と債券を50％ずつ組み入れて運用しているものがあります。加えて、株式については米国、欧州、日本、環太平洋、新興国の株式を組み入れていますし、債券については米国、欧州、日本の債券を組み入れて運用しています。

基本的に、**株式と債券の値動きは逆相関関係になる傾向があります。**逆相関関係とは、お互いの値動きの方向性が異なるということです。

ひとつのセオリーとして、株価は景気がいい時に上昇する傾向があります。景気が徐々に過熱ぎみになると、インフレ懸念を抑制するために金利が上昇します。金利が上昇すると債券価格は値下がりするので、株価と債券価格は逆相関関係になりやすいのです。

また、景気が悪化して株価が下落している局面では、景気を刺激するための金融緩和政策がとられるため、金利が下がり、債券価格は値上がりします。つまり、景気後退局面においても、株価と債券価格は逆相関の値動きを示す傾向があるのです。

したがって、株式と債券を同じポートフォリオに組み入れておくと、株価が下落した時のリスクを、債券価格の値上がりによって軽減できるのです。

しかも、世界中の株式と債権を組み合わせた国際分散型の運用なら、さまざまな国々に分散しているため、特定国の株価や債券価格の変動による影響も受けにくくなります。

ちなみに、セゾン投信のバランス型国際分散投資の当該ファンドの運用開始は2007年3月15日でした。記憶されている方も多いと思いますが、サブプライムショックやリーマンショックが起こる前です。運用がスタートして、基準価額が1万700円程度まで上昇したところでショックが起こり、2009年1月26日には6275円まで下落しました。その下落率は約40%ですが、S&P500の下落率は50%以上でした。世界最大の株式市場である米国を代表する株価インデックスのS＆P５００が50％以上も下げるなか、当該ファンドの基準価額下落率は約40％にとどめることができたのです。これは、運用ノウハウが高いという問題ではなく、ポートフォリオの分散効果が効いていたからです。

資産クラス分散をするなら「バランス型投資信託」を選ぶのがベター

分散投資は闇雲《やみくも》に行えばいいというものではありません。

銀行や証券会社などの販売金融機関から勧められた投資信託を買っているような人のなかには、確かに複数の投資信託を保有しているのですが、いずれも同じ資産クラスに投資するものだったりすることがあります。たとえば、日本株を組み入れて運用する投資信託ばかりを5本も買っているようなケースです。

運用会社も運用方針も、そしてファンドマネジャーも異なるから、それで分散されていると思うのは大きな間違いです。

同じ資産クラスに投資している投資信託は、ものによって多少の差はあるものの、基本的に、マーケットが上昇すれば同じように基準価額が値上がりしますし、マーケットが下落すれば同じように値下がりします。つまり、**日本株に投資する投資信託だけを何本も保有していたとしても、それは価格変動リスクのヘッジにはならない**のです。

なお、投資信託で複数の資産クラスに分散投資をする時は、たとえば米国株投資信託、日本株投資信託、米国債券投資信託、国内債券投資信託など、単独の資産クラスに投資する複数の投資信託を自分で選び、組み合わせるよりも、複数の資産クラスに分散投資しているバランス型投資信託を1本購入するほうが、余計な手間がかからなくていいと思います。

自分で複数の投資信託を選んで組み合わせようとすると、それぞれの資産クラスに投資しているたくさんの投資信託のなかから1本ずつ選んでいかなければなりません。結構な時間がかかります。それぞれの投資信託をどの程度の比率で買うかも考えなければなりません。

しかも、これを一括で購入するならまだしも、長期にわたって、毎月、複数の投資信託に分散させて積立投資するのは、結構面倒です。

さらに、運用を開始して一定期間が経過すると、値上がりした投資信託、値下がりした投資信託が出てきます。これを放置しておくと、運用開始時に決めたポートフォリオの比率が変わり、リスク・リターンも変わってきます。そこで、そんなに頻繁に行う必要はないのですが、たとえば1年に1度くらいの頻度で、値上がりした投資信託の一部を解約し、値下がりした投資信託を追加購入して、当初のポートフォリオ比率に戻す「リバランス」を行わなければなりません。

このように、資産クラス分散を自分で行おうとすると、結構な手間がかかるのです。

でも、複数の資産クラスに分散投資する「バランス型投資信託」を購入すれば、この手の面倒な手間はすべてプロのファンドマネジャーが行ってくれます。特に初めて投資信託を購入する人は、まずバランス型投資信託を1本選んで、それに毎月一定金額で積立投資していくことをお勧めします。

バランス型投資信託を購入する際は国別の組入比率に注意

ただ、バランス型投資信託を選ぶにあたっては、ひとつだけ注意点があります。それは、国別の組入比率です。

バランス型ファンドでよく見られるポートフォリオに、「国内株式」「国内債券」「海外株式」「海外債券」という4つの資産クラスに4分の1ずつ投資するというタイプがあります。何となく理に適《かな》っているように思えるのですが、実はこれは、適切な分散投資とはいえません。なぜなら、国内株式と国内債券でポートフォリオ全体の50％を占めているからです。**日本市場への投資が半分にも達しているポートフォリオは、適切な国際分散投資が行えているとはいえません。**バランス型投資信託を購入する時は、まず国別の投資比率で、日本の比率が過度に高くないかどうかをチェックする必要があります。

なぜ、日本への投資比率が50％ではいけないのかというと、これでは世界の株式・債券市場の動向を正確に反映しているとはいえないからです。

2023年3月時点における世界45カ国の株式市場の時価総額を比較すると、国別のシェアで米国が占める比率は59・6％です。そして、日本はわずか6・3％に過ぎません。といっても、日本の株式市場の時価総額が45カ国全体に占める割合は、世界2位の規模を持っています。以下、英国が4・1%、中国が3・7%、フランスが3・1%、カナダが2・6%、スイスが2・5%、ドイツが2・2%となっています。それ以外は新興国と考えていいでしょう（myINDEX https://myindex.jp/global_per.php による）。

米国が59・6%で、日本が6・3%ということは、シェアで見ると、米国の株式市場は日本の9倍強もあります。そうであるにもかかわらず、バランス型投資信託の国別組入比率で、日本の比率が単独で50%も占めているのは、いささかおかしいと思うのです。それでは、世界の資本市場を正確に反映したポートフォリオとは、到底《とうてい》いえません。

ちなみに、先に挙げたセゾン投信の国際分散型バランス運用の投資信託の投資先を2023年3月末時点で見ると、ポートフォリオ全体に占める株式への投資比率が50%で、米国株式市場への投資比率は31・1%となっています。株式市場への投資のうち、米国が62・2%を占めているということです。世界45カ国の株式市場の時価総額に占める米国株式市場の時価総額の割合に、かなり近い数字になっています。手前みそで恐縮ですが、このファンドの国別ポートフォリオ比率は、結構、世界の株式市場の実態を忠実に反映したものになっていると自負《じふ》しています。

より高い分散投資効果を目指してバランス型投資信託を購入するのであれば、ここまでしっかり配慮する必要があります。

国別の組入比率などは、投資信託のレポート、運用報告書などに詳細に記載されていま すから、複数のバランス型投資信託のレポートなどを比較して、国別組入比率の違いを見比べてみてもいいでしょう。

とにかく、日本の組入比率が滅《め》茶《ちゃ》苦《く》茶《ちゃ》に高いような投資信託は、日本という国から受けるバイアスが強すぎるため、投資対象の候補からは外したほうが無難です。

取り崩すタイミングも分散させよう

最後にもうひとつだけ、分散で注意しなければならない点を挙げておきましょう。それは、投資対象や購入タイミングの分散ではなく、取り崩す際の分散についてです。

たとえば一定期間運用を続けた結果、合計で2000万円の資金ができたとしましょう。そして、毎月の生活費が5万円不足するので、この2000万円から毎月5万円ずつ取り崩していくとします。

この時、2000万円分の投資信託をいったん解約して現預金にし、そこから毎月5万円ずつ取り崩していくべきなのか、それとも2000万円の運用は継続したまま、毎月5万円ずつ解約して生活費に充《あ》てていくべきなのかという、2つの選択肢があります。

これからの時代は、公的年金の受給額が減らされたり、医療費負担が増やされたり、あるいは海外からのインフレ要因で生活レベルが低下したりするリスクが想定されます。これらのリスクを念頭に置くと、やはり運用は継続しておいたほうが、大事な資産を守れる可能性が高いと考えます。

したがって、前出の2つの選択肢のどちらを選択すべきかと問われれば、やはり後者、つまり**運用しながら取り崩していく**ことになります。

ただ、取り崩していく際には、ちょっとしたテクニックが必要です。

といっても、そんなに難しい話ではありません。購入する時のように、毎月定額を解約するのか、それとも、毎月同じ口数を解約するのか、という話です。皆さんだったら、どちらを選びますか？

毎月5万円を定額で解約するのは、あまり利口な方法とはいえません。なぜなら、マーケットが悪化して基準価額が大きく下がると、たくさんの口数を解約しなければならなくなるからです。

たとえば、基準価額が1万口あたり1万円の時、5万円分を解約しようと思ったら、5万口を解約すれば済みます。

では、基準価額が1万口あたり5000円になったら、どうなるでしょうか。この場合、1口あたりの基準価額は0・5円ですから、5万円分を解約して引き出そうとしたら、

5万円÷0・5円／口＝10万口

となり、10万口を解約しなければなりません。

これはいささか極端な例ですが、**金額ベースで定額解約を続けていると、基準価額が下**

がった時に多くの口数を解約しなければならず、その分だけ受益権口数の減り方も速くなってしまう恐れがあるのです。

そこでお勧めしたいのが、口数ベースでの解約です。つまり、毎月5万円の定額解約ではなく、5万口の「定口解約」をするのです。

ただ、この方法だと、たとえば1万口あたりの基準価額が7000円まで値下がりすると、その月に引き出せる金額は3万5000円になります。つまり、投資の運用成果が悪い時は、少し倹約《けんやく》してお金を使わなければなりません。でも、一方で基準価額が1万4000円まで値上がりしていたら、その月に解約して引き出せる金額は7万円になります。マーケットがいい時はご褒美、悪い時は我慢、というわけです。これをゲーム感覚で楽しんでもいいのではないでしょうか。

当然、口数ベースで解約していけば、定額解約のように、基準価額が大きく下げた時により多くの口数を解約しなければならないということにはならず、その分だけ受益権口数の減り具合を抑えることができます。

しかも、運用しながら解約していくわけですから、解約によって少しずつ口数は減っていきますが、一方で運用を継続していくことによって資産の額がさらに増えていく期待に鑑《かんが》みれば、一段と資産の目減りを最小限にできるのです。

第5章

新NISAで購入するのに向かない投資信託の見分け方

新NISAでの購入に適さない投資信託もある

前述の通り、新NISAのつみたて投資枠の対象となる投資信託は、現行制度のつみたてNISAと基本的に同じになると思われます。

2023年4月6日現在、金融庁が公表しているつみたてNISAの対象投資信託は、「指定インデックス投資信託」が191本、「指定インデックス投資信託以外の投資信託（アクティブ運用投資信託）」が27本、そして「上場投資信託（ETF）」が7本の、合計225本です。

つみたてNISAについては、相当程度、対象投資信託が絞《しぼ》られていますし、一応は金融庁が、長期積立投資をするうえで望ましいのではないかという基準を定めてスクリーニングしたものなので、どの投資信託を選んだとしても、それほど支障は来さないと思います。

とはいえ、それでも、正直なところ「いかがなものか？」と思われるものもあります。

一方、成長投資枠で購入できる投資信託については、①信託期間の残りが20年未満の投資信託、②レバレッジをかけて運用されているハイリスク・ハイリターンの投資信託、③毎月分配型の投資信託、という3つのタイプは対象外になることが発表されています。これにより、現在運用されている公募投資信託のうち3分の2は除外されるともいわれています。

2023年2月末時点で設定・運用されている追加型株式投資信託の本数は5698本もあります。このうち3分の2を除外すると、約1900本になります。これはあくまでも概算ですが、成長投資枠を利用する場合、約1900本もの投資信託のなかから投資対象を選ばなければならないのです。

1900本といったら、結構な本数です。いちいち、そのすべての素性《すじょう》を調べて、投資できるかどうかを判断するのは、あまりにも骨が折れます。

そこで、消去法で考えるようにしましょう。「この投資信託を買ったほうがいいのか？」を考える前に、「新NISAでの購入に適さない投資信託はどれか？」という観点で絞り込んでいくのです。

厳密に行う必要はありません。大雑把《おおざっぱ》なスクリーニングで十分です。気になる投資信託があったら、まずは、本章で説明する「新ＮＩＳＡでの購入に適さない投資信託」の条件に合致《がっち》するかどうかを調べてみてください。

①純資産総額が50億円に満たない投資信託

最初に避けなければならないのは、純資産総額の規模が小さい投資信託です。

純資産総額は、投資信託に組み入れられている株式や債券などの時価総額で、投資信託の規模を示す代表的な数値です。これがあまりにも小さいと、運用面においてさまざまな影響が生じてきます。


まず、**十分な分散投資ができなくなる**恐れがあります。

最近は、「ファミリーファンド方式」といって、複数のベビーファンドで、ひとつのマザーファンドを共有する仕組みを持つ投資信託が増えています。これなら、マザーファンドの純資産総額が比較的大きくなるので、個別ファンド（ベビーファンド）の純資産総額が小さいとしても、十分な分散投資効果が得られます。注意しなければならないのは、ファミリーファンド方式ではなく、その投資信託が直接、株式や債券に投資している投資信託の場合です。

投資信託は、純資産総額の規模の範囲でしか、株式や債券を購入できません。したがって、純資産総額の規模が小さくなるほど分散投資効果が下がり、投資信託ならではともいうべき分散投資メリットを活かせなくなると考えます。

また、純資産総額が小さいと、償還日前なのに強制的に償還されてしまう**「繰上償還リスク」**があります。

投資信託を保有していると信託報酬というコストがかかることはすでに説明しました。信託報酬は、投資信託を運用する投資信託会社、投資信託の資産を管理する信託銀行、投資信託の販売窓口となる販売金融機関の3者で分ける報酬です。純資産から一定率を差し引く形のため、純資産総額が小さいと、金額ベースで受け取れる額が減ってしまいます。受け取れる信託報酬の額が小さく、その投資信託を運用するのにかかるコストを下回るようになると、運用を続ければ続けるほど投資信託会社の赤字がかさんでいくことになります。そのため、繰上償還されるケースがあるのです。

繰上償還されると、償還日の基準価額で計算された償還金が戻ってくるのですが、償還日時点の基準価額が購入時点のそれに比べて値下がりしていると、損失が実現してしまいます。

投資信託は、基準価額が下落していたとしても、解約しない限り、損失はあくまでも評価損であり、基準価額の回復によって損失が埋められる可能性があるのですが、その可能性がゼロになってしまうのです。

また、繰上償還されたら、運用をするためには、また他の投資信託を買い直さなければなりません。すると、新たに購入時手数料がかかることになり、コストの面でも不利になります。ですから、投資信託を購入する時は、一定の純資産総額を維持しているものを選ぶ必要があります。

後述するように、赤字でもなかなか繰上償還できない事情もあるようなのですが、基本的に純資産総額の小さい投資信託は繰上償還リスクが高いということを認識しておく必要があります。ファンドごとの事業者側の採算という点では、ベビーファンドも懸念は同じです。

では、どのくらいの純資産総額があれば繰上償還リスクを回避できそうかということですが、**純資産総額の規模が、ある程度の期間を経ていて、50億円に満たない投資信託は、運用の持続性という面でいささか疑義がある**と考えられます。

なぜなら、投資信託の約款に記載されている「繰上償還条項」には、前述したように、「受益権口数が30億口を下回った場合」と書かれているケースが多いからです。30億口ということは、運用当初の基準価額が1万口あたり1万円でのスタートだとすると、30億円に相当します。また、基準価額が1万6700円程度まで上昇すれば、受益権口数が30億口で純資産総額が50億円程度になります。

これらの数字から見て、純資産総額が50億円程度あれば、当面、繰上償還にはならないだろうという、大雑把な話です。

②資金流出が続いている投資信託

投資信託の主力である追加型投資信託は、基本的にいつでも購入できますし、解約もできます。したがって、日々、資金の流出入が生じます。購入によって流入する金額に対して、解約によって流出する金額のほうが大きければ、「資金純流出」になります。逆に、購入額が解約額を上回れば「資金純流入」になります。

投資信託は、多少、純資産総額の規模が小さくても、資金純流入が続いているうちは大丈夫です。問題なのは、資金の純流出がある程度の期間続いている場合です。

資金純流出が続くと、ファンドマネジャーは投資信託に組み入れられている株式や債券などの一部を売却して、解約資金をつくらなければなりません。

仮に、マーケットが下落している時も資金流入が続けば、将来有望な企業の株式を、安い株価で買い付けることができます。そして、安い株価で買い付けた銘柄は、そう遠くない将来、株価が再び上昇した時、大きな利益を生むため、投資信託の運用成果を押し上げるのに貢献します。

ところが、**解約による資金流出が続くと、保有している株式や債券を売却する一方になり、運用成果を改善させるために必要な措置を何もとれなくなります。**結果、ジリ貧《ひん》になるのです。

資金が流入しているのか、それとも流出しているのかを把握するのに、純資産総額の増減は役に立ちません。

前述したように、純資産総額は投資信託に組み入れられている株式や債券などの時価総額なので、仮に資金が流出していたとしても、組み入れている株価が大きく値上がりすれば、その値上がり益によって純資産総額が増えるケースもあるのです。

逆に、順調に資金流入していたとしても、組み入れている株式などが大きく値下がりすれば、純資産総額は減少します。

このように、純資産総額の増減は、資金の流出入と組入資産の値動きとの合計になるため、純資産総額の増減だけをもって資金の流出入を判断することはできないのです。

では、どうすればいいのでしょうか？

方法は2つあります。

ひとつは**ウエルスアドバイザー（元モーニングスター）のウェブサイトにあるデータを活用する**ことです。ウエルスアドバイザーのサイトにアクセスし、投資信託のタブをクリックすると、ファンド名を打ち込むスペースが出てきます。そこに任意の投資信託の名称を打ち込んで検索すると、その投資信託の各種データを見ることができます。そのなかに、「リターン」というタブがあるので、それをクリックし、さらに「月次資金流出入額」というタブをクリックすると、過去4年程度の資金流出入状況がグラフで表示されます。

これを見れば一目瞭然《いちもくりょうぜん》です。

もうひとつの方法は、少々面倒ではあるのですが、**自分で計算する**ことです。それほど難しい計算式ではないので、安心してください。

必要な情報は「純資産総額」と「基準価額」の時系列データです。これはホームページにデータを掲載している投資信託会社もありますし、なかったらYahoo!ファイナンスのホームページからもデータをとることができます。

投資信託の基準価額は、「受益権1口あたりの純資産総額」です。したがって、1口あたりの基準価額で純資産総額を割れば、受益権口数が求められます。

たとえば、

・純資産総額……100億円
・1万口あたり基準価額……1万5000円

だとしましょう。すると、1口あたり基準価額は、

1万5000円÷1万口＝1・5円

です。次に純資産総額を、今計算した1口あたり基準価額で割ります。

100億円÷1・5円／口＝66億6666万6666口

これが、この投資信託の受益権口数になります。

これを週次、あるいは月次くらいの頻度《ひんど》で、できるだけ長期間の計算を行います。すると、受益権口数が継続的に減っているのか、それとも増えているのかが分かります。

これら2つの方法のどちらかで資金の純流出入を把握し、資金流出が長期化している投資信託は買わないほうが無難です。

③信託期間が有期限の投資信託

かつては信託期間を無期限にしている投資信託が結構あったのですが、最近は追加型投資信託なのに、当初の信託期間を10年、あるいは5年程度にするものが少なくありません。

これには理由があります。それは純資産総額が小さいまま運用を継続せざるを得ない状況を回避したいからです。

前述したように、純資産総額が小さい投資信託は、投資信託会社にとって赤字要因でしかないので、できれば早々に繰上償還させたいところなのですが、それを簡単に許してもらえない事情もあります。それは販売金融機関の都合であることが多いです。

信託報酬は投資信託会社、信託銀行、販売金融機関の3者で分け合うことになっているので、販売金融機関にとって信託報酬は、ほとんど労力をかけることなく入ってくる継続的な収入です。だから、たとえ少額だとしても失いたくないので、繰上償還に反対の立場をとりがちです。その結果、なかなか繰上償還が進まず、純資産総額が1億円程度の投資信託がたくさん残されているのです。

「信託期間が満了しました」という理由があれば、販売金融機関に文句をいわせることなく、償還することができます。

つまり、信託期間を有期限にしているのは、経営面で赤字要因でしかない、純資産総額の規模が小さい投資信託を少しでも減らすための、投資信託会社にとっての苦肉の策であるともいえそうです。

もちろん、投資信託会社としては、5年、あるいは10年程度で運用を終わらせようとしているつもりはないと思います。投資信託の信託期間は延長が可能だからです。仮に当初信託期間が5年だとして、その期間が終了する直前の純資産総額が大きくなっていたら、そのまま約款を変更して、さらに信託期間を5年間延長させることも可能です。
しかし、だからといって信託期間を短くするのは、何の努力もせずに言い訳をしているだけのようにも思えてきます。

本来、純資産総額がなかなか増えないのであれば、それを増やす努力をすべきです。1本の投資信託にそこまで手間をかけられないという声も、投資信託会社の側にはあるのかもしれませんが、だとしたら、なぜ1本の投資信託を大事に販売し、かつ運用することができないのか、という点を改めて考えるべきでしょう。

大概の投資信託会社には、販売金融機関の意に沿った投資信託を組成してきたという歴史があります。**信託期間を有期限にするのは、1本の投資信託を大事に育てる意思がないことを露呈《ろてい》している**かのようにも思えてきます。

④コストが割高な投資信託

投資信託には「購入時手数料」と「信託報酬」という2大コストがあることは、すでに説明した通りです。

購入時手数料は、購入金額に対して定率の手数料を、販売金融機関に対して支払うものです。たとえば購入金額が100万円で、購入時手数料率が2%だとしたら、2万円が販売金融機関に対して支払う購入時手数料になります。

ただ、最近の傾向としては購入時手数料を取らない投資信託が増えているのも事実です。つみたてNISAの対象となる投資信託は、スクリーニング条件のなかに「購入時手数料を取らない」ということが盛り込まれているため、その後を引き継ぐ新NISAのつみたて投資枠でも、それは踏襲《とうしゅう》されると考えられます。

また、インターネット証券会社では、基本的に購入時手数料を取らない投資信託のラインナップを大きく増やしているので、対面営業型の販売金融機関でない限り、今は多くの投資信託が購入時手数料を取らないと考えてもよさそうです。

いささかややこしいのが信託報酬です。

信託報酬の料率は、低いものだと年0・1%程度、高いものだと年3・0%程度です。年0・1%と年3・0%とでは、ものすごい差になります。当然、投資信託を保有している受益者としては、低いに越したことはありません。

ただ、信託報酬率は低ければ低いほどいいのかというと、いささか厄介《やっかい》な問題をはらんでいます。というのも、投資信託会社にとっては信託報酬が唯一の収入源なので、これが大幅に低率になった時、投資信託会社の経営が成り立つのか、という現実に直面してしまうからです。

もちろん、たくさんの投資信託を設定・運用していて、かつ年金なども運用しているような、規模の大きな投資信託会社であれば、極めて信託報酬率の低い投資信託を運用しても、会社全体の収益はバランスされると思います。しかし、それでは高い信託報酬の投資信託を購入している受益者の犠牲のもとに、信託報酬率の低い投資信託を購入している受益者に便宜《べんぎ》を図《はか》っているのと同じです。

このように考えると、信託報酬率は一概に低ければいいというものではないことに気付かれると思います。この点については明確な答えを出すのが非常に難しいのですが、ひとついえるとしたら、**納得感のある信託報酬率の投資信託を選ぶしかない**、ということでしょうか。

「信託報酬が安いからインデックスファンド」という時代は終わる

なお、信託報酬の料率は、一般的に、インデックスファンドのほうがアクティブファンドよりも低く設定されています。アクティブファンドは、ファンドマネジャーが運用する銘柄などを調査したり分析したりするので、その分のコストがかかります。一方、インデックスファンドは、簡単にいえば、目標とする株価インデックスを構成する銘柄を買って運用すればいいので、コストを抑えられるからです。

そのうえ、これまでは、インデックスファンドを上回る運用成果を出すアクティブファンドの数が少なかったので、「インデックスファンドを買うべきだ」という意見の人が多くいました。

しかし私は、インデックスファンドがアクティブファンドよりも高い運用成果を出しやすい時代は終わったと見ています。**世界的なインフレが進行している**からです。

インフレ基調が続くと、企業の優勝劣敗《ゆうしょうれっぱい》が明確になります。それなのに、インデックスファンドは、インフレのなかでますます業績を伸ばす企業も、インフレに苦しむ企業も、どちらの株式も組み入れてしまいます。

一方、個々の企業をきちんと分析し、インフレのなかで成長を続ける企業の銘柄だけを組み入れたアクティブファンドの運用成果は、大きく伸びるでしょう。

その意味でも、単に信託報酬の料率だけで投資信託を選ぶことには慎重であるべきだと思います。

⑤特定のテーマに集中投資する投資信託

投資信託にはさまざまな種類があります。そのなかで、最も長期投資に不向きと思われるのが、「テーマ型投資信託」と呼ばれているものです。テーマ型投資信託とは、特定の投資テーマに関連する銘柄でポートフォリオを構築するものです。たとえばAIやIoT、地球環境、水資源、ヘルスケア、SDGs、ESGといった、流行《はや》り言葉を投資信託の名称に冠したものが大半です。

テーマ型投資信託のセールストークでよく用いられるのが、「このテーマは長期的なものなので、長期保有が前提の投資信託には最適です」という話です。

でも、**株式市場において、テーマというものは長続きしません**。

たとえば1990年代の後半から2000年にかけて、ITが株式市場において大きなテーマになりました。ちょうどインターネットが民間で自由に使われるようになった時期で、インターネットというインフラによって世の中が大きく変わるという期待感が一気に広がったのです。

この時、多くの投資信託会社が一斉《いっせい》に「IT関連投資信託」なるものを設定しました。当時のソニーやソフトバンク、光《ひかり》通信、NTT、パナソニックといった企業をIT関連企業と定義付け、それらの株式を組み入れて運用するというコンセプトでした。

運用成績は、確かに設定当初は順調に伸びていきました。何しろ当時はＩＴバブルの真最中。ヤフー（現Ｚホールディングス）の株価は、１９９７年11月の上場初値こそ２００万円でしたが、わずか2年で50倍になり、２０００年1月19日には何と1億１４０万円まで上昇したのです。

そして実際、ＩＴは私たちの生活になくてはならない存在になっています。ＩＴという言葉自体はそれほど用いられなくなりましたが、ＩｏＴやＤＸなどによって私たちの生活が非常に便利になったのは事実です。今もその進化はとどまるところを知りません。

しかし、株価はどうだったのかというと、２０００年に入ってＩＴバブルが一気に崩壊し、ＩＴ関連銘柄の株価は軒並み大暴落しました。前出のヤフーは、２０００年2月22日につけた最高値《さいたかね》が1億６７９０万円で、ＩＴバブル崩壊後の２００１年9月4日につけた最安値は１８２万円でした。

これを受けて、ＩＴ関連投資信託の基準価額も大暴落しました。その結果、多くのＩＴ関連投資信託が運用を継続することができなくなり、いつの間にか大半が償還に追い込まれていきました。

このようにテーマ型投資信託は、仮にそのテーマが長期的なものであったとしても、マーケットの値動きに翻弄《ほんろう》された挙句《あげく》、投資信託の運用自体が短命に終わるケースがあるのです。したがって、テーマ型投資信託は、長期的な資産形成には向いていないとしてもいいでしょう。

⑥高額分配を売りにしている投資信託

投資信託のなかには、非常に高い分配金を提示しているものがあります。

分配金とは、前回の決算日の翌営業日から、今回の決算日までの運用によって得られた利益の一部などを、投資信託の保有者に対して還元するものです。

分配金を受益者に支払う時は、投資信託に組み入れられている株式や債券を売却して現金をつくらなければなりません。これが運用の効率を大きく削ぎ落してしまいます。

長期投資のためには、むしろ**分配金をできるだけ支払わずに運用するものが適していま す**。そうすれば複利が効いた投資成果が期待できるからです。

たとえば、1年間で、基準価額が1万円から1万2000円まで値上がりした投資信託があるとしましょう。2000円の値上がり益は組み入れている株式などの値上がり益や配当金などによるものです。

「皆さんがこの投資信託を保有し続けてくれたおかげで2000円の運用益が確保できました。感謝を込めて全額を分配したいと思います」と投資信託会社が判断して、分配金にすることもできますが、その分配金を払うと、基準価額は1万円に戻ってしまいます。つまり、決算日の翌営業日から、またゼロスタートを切らなければなりません。

でも、この2000円を分配せず、温存しておいたらどうでしょうか。

たとえば、2000円のうち、1000円分に相当する株式などを売却して現金化して、他の将来有望な銘柄を組み入れるための資金にすれば、来期の決算日までに、さらにいい運用成果が期待できるかもしれません。

もちろん絶対にそうなるとは言い切れませんが、**投資信託に組み入れられている株式や債券の一部を売却して現金化し、受益者に分配すると、投資信託の運用効率が長期的に低下してしまう**のです。

ましてや、高額分配といって、非常に高い分配金を支払う投資信託は、全くもって長期投資に不向きだと考えます。

高い分配金を提示されると、何となく有利な運用を期待してしまいがちですが、実は決してそのようなことはないのです。高額分配は長期投資に適さないと認識してください。

⑦新興国に集中投資する投資信託

BRICsやNEXT11、VISTA、MENAといった言葉を聞いたことがある人も少なくないと思います。

BRICsはブラジル、ロシア、インド、中国の頭文字を取った造語です。

NEXT11はイラン、インドネシア、エジプト、トルコ、ナイジェリア、パキスタン、バングラデシュ、フィリピン、ベトナム、メキシコ、韓国の11カ国を指しています。

VISTAはベトナム、インドネシア、南アフリカ、トルコ、アルゼンチンの5カ国。

MENAは中東（Middle East）と北アフリカ（North Africa）の頭文字を取った造語です。

いずれも現在はまだ経済規模がそれほど大きくありませんが、まさに今、成長の途上にあり、高い経済成長率が期待されるとともに、なかには、人口が多いことからGDPがやがて日本を抜いていくだろうともいわれている国もあります（中国はすでに抜いています）。「高い成長率が期待される国ばかりなので、この手の国の企業に投資すれば、高いリターンが期待できるはず」という期待感から、過去においてさまざまな新興国投資信託が設定・運用されてきました。

確かに、新興国投資信託のなかには、過去、非常に高い運用成果を挙げたものもあるのは事実です。

しかし新興国は、高い経済成長が期待できる反面、経済基盤がかなり脆弱《ぜいじゃく》です。なかには政情不安な国もあります。ある日突然、マーケットが閉鎖されることもあります。実際、2022年2月にロシアがウクライナに侵攻した時、ロシアルーブルやロシア企業の株価は大暴落しました。

日本の投資信託会社でも数社がロシア企業に投資する投資信託を設定・運用していましたが、売買停止に追い込まれるなど、その運用成績は今、悲惨《ひさん》な状態にあります。

もちろん、ロシアによるウクライナ侵攻など、そう頻繁に起こるような出来事ではありませんが、このように運用成績の大暴落につながるような出来事が生じやすいのも、新興国投資のリスクです。

大暴落があったとしても、「長期的に経済が成長するなら、そのまま持ち続けることで、いずれリターンが得られるのではないか」という考え方もありますし、実際にそうなるのかもしれませんが、問題はこのような状況に直面した時、投資信託の運用を継続できるのかということです。大きく値下がりした新興国ファンドは、その過程で大量の解約が発生して、まともな運用が困難になるケースがあったというのがこれまでの実態だと知っておいてください。

日本企業もそうですが、先進国の企業は大抵《たいてい》、新興国に製造拠点などを置いており、新興国の経済成長によって業績を伸ばしています。ということは、**グローバルに展開している先進国企業の株式に投資していれば、新興国の経済成長も相応に株価に反映される**はずなのです。

さらには、新興国の資本市場は概して脆弱で未成熟なため、市場規模も小さいところが多く、先進国市場に比べて流動性でも大きく劣っています。

確かに、新興国株式に見られる高い成長期待は魅力なのですが、不確実性が大きく、先進国主体の国際分散投資の一部として組み入れるべき投資対象と考え、長期投資では新興国への集中投資運用は避けてください。

⑧外国債券のみを組み入れて運用する投資信託

外国債券を組み入れて運用する投資信託が人気を集めたことがありました。今も、「債券なら安全かも知れない」という理由で、この手の投資信託を購入する人は少なくありません。

ただ正直なところをいえば、外国債券のみを組み入れて運用する投資信託を長期的な資産形成目的で購入する理由は、よく分かりません。そもそも債券に投資する目的は期中に支払われるクーポン（利子）を金利収入として安定的に得ることにあり、長期資産形成の主役にはなりにくいのです。

外国債券に限らず、債券をポートフォリオに組み入れるのは、ポートフォリオの安定性を高めるためです。債券も株式と同様に値動きする金融商品ですが、値動きは株式に比べれば緩《ゆる》やかですし、償還まで保有すれば元本は確保されます。

こうした安定性の高さから、株式と組み合わせることによって、ポートフォリオの安定性を高めることができます。

ただ、個人が長期的な資産形成をするにあたって、外国債券のみを組み入れて運用している投資信託を保有する必要性は、あまりないと考えられます。なぜなら、個人が持っている金融資産は、株式だけではないからです。多くの人は預貯金を持っています。**一定額の預貯金があれば、保有している金融資産ポートフォリオ全体の安定性を高めることができる**からです。

たとえば、金融資産500万円のうち、250万円を預貯金にしておき、残り250万円を株式投資信託にしておけば、ある程度、価格変動リスクを抑えたポートフォリオを構築できます。

また、株式投資信託と債券投資信託とに分散して投資するのであればバランス型投資信託を購入すればいいので、自分で債券投資信託を購入する意味はあまりありません。

⑨ターゲットイヤー型の投資信託

ターゲットイヤー型投資信託とは、ファンド名の後に「2030」とか「2040」というように西暦が記されているものです。この西暦が何を意味するのかというと、基本的には自分が定年になってリタイヤする時期を指します。

たとえば「2030」という西暦が付いた投資信託を購入すると、最初のうちは株式の組入比率が高いポートフォリオで運用されるのですが、2030年が近づいていくにつれて、徐々に株式の組入比率が低下する一方、債券の組入比率が高められていきます。つまり、定年近くになったらリスク商品への投資を最低限にして、債券など安全性の高い資産で運用しましょう、ということを、投資信託が勝手に行ってくれるのです。

一見、とても楽に運用できると思いませんか。何しろ自分で株式と債券の投資比率を考えなくても、投資信託が自動的にリスクを調整してくれるのですから。

しかし、60歳を過ぎたら安全性の高い資産だけで資産運用をしろ、などと、誰が決めたことなのでしょうか。

もちろん、老後の生活に十分すぎる資産を持っている人なら、安全性の高い資産で運用してもいいと思いますが、そんなに豊かな金融資産を持っている人はごく一部に過ぎません。ましてや、本書を手に取られた、50歳からどうやって老後に必要な資産形成をしようかと考えている人にとっては、ターゲットイヤー型の投資信託は余計なおせっかいであるといえます。

それに、この手の投資信託が株式の組入比率を下げていくのは、マーケットの動きとは全く関係ありません。たとえば、株式市場が極めて強気で、株価が大きく上昇しているにもかかわらず、定年を迎えるタイミングが近付いているからという理由だけで株式の組入比率を強制的に引き下げられてしまったら、資産を大きく増やすチャンスをみすみす逃すことになります。もしリスクを減らしたいのならば運用残高を単純に減らせば済むことです。

少なくとも、50歳からの資産形成を真剣に考える人が購入する投資信託としては適していないと考えます。

⑩売買回転率の高い投資信託

長期投資を前提にして投資信託を購入しても、その投資信託自体が短期的な売買を繰り返しているようだと、何のための長期投資か分からなくなってしまいます。長期投資をするならば、長期的な目線で組入銘柄を選び、長期的に保有し続けるタイプの投資信託を買わなければなりません。

その投資信託がどのくらいの頻度でポートフォリオの入れ替えをしているのかを知るためには、投資信託の**「運用報告書」**が参考になります。運用報告書は、投資信託が決算を迎えた時に作成されるもので、投資信託会社のホームページに掲載されています。簡単にダウンロードできるので、投資信託を選ぶ際の参考材料にしてください。

運用報告書にはたくさんの情報が掲載されていますが、その投資信託の売買頻度を把握するためには、「株式売買金額の平均組入株式時価総額に対する割合」という項目にある、**「売買高比率」**の数字を参考にします。ちょっと難しい名称の項目ですが、実際には簡単な割り算です。

前回の決算日から今回の決算日までの期中において、平均的な組入株式の時価総額が100億円だったとしましょう。そして、同じ期間中に売買された株式の金額が50億円だとしたら、売買高比率は、

50億円÷100億円＝0・5

となります。

なかには、平均的な組入株式の時価総額が100億円で、同じ期間中に売買された株式の金額が200億円というケースもあります。この場合の売買高比率は、

200億円÷100億円＝2・0

になります。2・0というのは、投資信託に組み入れられている株式をいったん全額売却したうえで、同じ金額を買い直す、つまり総入れ替えを行ったということを意味します。

売買高比率が3・0、4・0という具合に上昇していくと、それだけポートフォリオが短期売買型であることを意味します。

よほど頻繁に売買しない限り、売買高比率は1・0程度に収まるといわれていますし、本当に長期保有をする厳選投資型の投資信託になると0・5未満で当然ともいえます。

3・0、4・0というような投資信託は、短期売買が行われている証拠であり、この手の投資信託は長期保有に向かないと考えていいでしょう。

第6章

50歳から老後資金をつくるための心得

【心得その1】投資に対するアレルギーをなくす

50歳になるまで、お金は「働いて稼ぐ」のが王道であり、投資で増やすのは邪道だ、などと思っている人は、意外と少なくありません。

「投資なんてただの博打」「親から、株式投資なんてもっての外《ほか》だといわれてきた」などとおっしゃる方もいます。

それは、個人金融資産に占める株式や投資信託の比率の低さからも、よく分かります。「貯蓄から投資（資産形成）へ」などと、国は必死に声を上げてきましたが、それも空《むな》しく、この20年超にわたって、株式や投資信託が個人の金融資産に占める比率はほとんど上昇しませんでした。

今、50歳の方のご両親の年齢は75～80歳前後というところでしょうか。生まれたのは1940年代の前半から半ばくらいです。多少、先の大戦と重なりますが、まだ幼少だったので、戦争の記憶はほとんどないかもしれません。そして戦後、日本の高度経済成長期のなかで育ち、社会人となり、働き盛りは1980年代のバブル経済。2000年代前半に定年を迎えたというのが、今、50歳の人たちのご両親が生きてきた日本です。

この歴史的背景を考えると分かるのですが、50歳の人たちのご両親は、投資というものをほとんど経験せずに、生活を成り立たせることができました。定年前は、日本経済がバブル崩壊の影響でデフレに悩まされていた時期に重なるため、多少、待遇面などで厳しいところもあったかもしれませんが、基本的には逃げ切ることができた世代です。退職金もある程度の額が得られたでしょうし、年金もしっかり受給できていることでしょう。そのような経済事情から察すると、「投資なんて博打」という気持ちになるのは、至極当然のことなのかもしれません。

ですから、今、50歳の人たちにまず申し上げたいのは、**「親の価値観を否定しましょう」**ということです。親がどれだけ投資による資産形成を否定したとしても、聞かないようにしてください。なぜなら、**皆さんの世代は、投資による資産形成なしに、これからの人生は成り立たない**からです。

昔は年功序列賃金が徹底されていましたし、何よりも経済がどんどん伸びていましたから、50歳以降も定年を迎えるまで、給料は比較的堅調に増えていきました。

でも今は、そんな会社はほとんどないでしょう。大抵は、55歳くらいになると役職定年になって給料が下がりますし、そもそも日本の経済力が落ちているので、基本給を一律に引き上げる「ベースアップ」も、物価上昇を上回ることは期待できません。


よく「年金財政が破綻することはない」という人もいるのですが、本当でしょうか？

「賦課《ふか》方式」と呼ばれる日本の年金制度は、現役世代が納めた保険料を、同時期の年金受給世代に割り当てる仕組みをとっています。大勢の現役世代が少ない高齢者を支える時代は十分な原資を確保できましたが、少子化と長寿化の同時進行によって、今や少数の現役世代が大勢の高齢者を支える時代になってきました。

そうなると、確かに年金財政が破綻して1円たりとも年金を払えなくなるような状況にはならないと思いますが、破綻しないように、できるだけ総体的な年金の支払いを抑制する方向に政府は動かざるを得ないでしょう。つまり、これから年金を受給することになる世代は、親世代ほど十分な年金を受け取れなくなる可能性が高いわけです。

こうした状況のなかで、50歳の人たちが経済面で心配のない老後を迎えるためには、投資による資産形成が必須になります。年0・002%の利息しか得られない銀行預金は、もはや貸金庫程度の意味合いしか持ち得ません。

だからこそ、投資に対するアレルギーをなくしてほしいのです。

【心得その2】最初が肝心。やり直しのチャンスは少ない

50歳から、老後を意識して、初めて投資による資産形成を始める場合、最初が肝心《かんじん》であることを申し上げたいと思います。スタートで失敗してしまうと、そのリカバリーが大変だということです。

しかも、50歳から資産形成を始める場合、残された時間は、少なくとも30代、40代でスタートする人に比べると、確実に短いわけです。30歳から投資を始めたのであれば、一度や二度、大きな失敗をしたとしても、十分にリカバリーが利くでしょう。でも、これから先、それほど給料も増えず、年金受給額も減る恐れがある50歳の皆さんは、変な投資に手を出して、資産の多くを失うような事態に陥るわけにはいきません。**一攫千金《いっかくせんきん》なんてこと**

を夢見ず、着実に増やす方法を考える必要があります。

これは人伝《ひとづて》に聞いた話ですが、某大企業を定年退職された方が、老後、安定した配当を得たいと考えて、退職金を全額、東京電力株の購入に充てたそうです。当時、電力株は「資産株」などといわれ、株価が大きく下がることなく、同時に安定した配当が得られたからです。

当時としては、その判断は決して間違っていなかったと思います。ただ、一番の問題は東京電力株のみに資金を集中させたことでした。それから間もなく、2011年3月11日の東日本大震災による福島第一原子力発電所の事故があり、東京電力の株価は大暴落してしまいました。

同社の株価を見ると、2011年3月10日時点の高値が2163円で、東日本大震災後の安値は、2012年7月18日の120円です。何と18分の1にまで値下がりしたのです。仮に2000万円で同社の株式を買っていたとしたら、110万円程度まで資産価値が目減りしたことになります。

最近でこそ、若干《じゃっかん》、株価が戻りつつありますが、それでも2023年4月7日時点の株価は486円です。12年が経過してこれしか戻っていないのですから、買値《かいね》に戻るには、あと何年、あるいは何十年かかるか分かったものではありません。残念な話ですが、これは老後の資産運用で大失敗した事例といっていいでしょう。

こうなってはいけないのです。だからこそ、最初の段階でこのような大失敗をしないように、「長期・積立・分散」をベースにした投資を心がける必要があるのです。「急がば回れ」という言葉の通りで、短期間で大きく増やそうなどと考えると、失敗する可能性が高いでしょう。

50歳からの資産形成は、やり直しのチャンスが少ないことをしっかり理解して、大きく値崩れしないような投資先を選ぶようにしてください。

【心得その3】新NISAを始めるなら金融機関をしっかり選ぶ

インターネット証券会社で新NISAを始める人にとっては、あまり関係ないかもしれませんが、対面方式の金融機関で新NISAの口座を開設しようと考えている人は、金融機関選びをしっかり行う必要があります。

なぜなら、**対面形式の金融機関の多くに、新NISAでは成長投資枠を積極的に扱おうという動きがある**からです。


繰り返しますが、新NISAにはつみたて投資枠と成長投資枠があります。

このうち、つみたて投資枠では、現行のつみたてNISAに適用されているものと同様の基準に合った投資信託しか購入できません。購入時手数料が無料のものしか認められず、さらにインデックスファンドの場合は信託報酬率が限界まで低くなっているため、これを真剣に販売したとしても、大半の販売金融機関にとっては商売になりません。

一方、成長投資枠では、運用期間が20年未満とか高レバレッジ型、毎月分配型の投資信託は除くという制限はあるものの、購入時手数料や信託報酬率についてはルールが設けられていません。つまり、販売金融機関からすれば、成長投資枠のほうが「商売になる」と思われます。

したがって、新NISAがスタートする2024年1月以降、多くの販売金融機関が、成長投資枠を中心にして積極的に営業を展開してくる可能性があります。

しかし、先述した通り、新NISAはつみたて投資枠を中心に使い、成長投資枠を使う時も積立投資を行いましょう。

また、**販売金融機関から営業活動を受けても、勧められるままに投資信託を買わない**ようにしましょう。販売金融機関は少しでも多くの購入時手数料や信託報酬を得ようとしていますから、コストの割高な投資信託を勧めてくる恐れがあります。前章で挙げた「新NISAでの購入に適さない投資信託の10カ条」に該当するような投資信託を勧めてくる販売金融機関とは付き合わないほうが無難です。

では、インターネット証券会社なら安全なのかという点についても、少し懐疑的に考えたほうがいいかもしれません。

確かに、インターネット証券会社であれば、販売窓口の担当者に乗せられて、販売金融機関にとって有利な（つまり投資家にとって不利な）投資商品の購入に誘導される恐れはありません。

でも、ホームページに掲載されているコラムやレポートの類《たぐい》に誘導されて、案外リスクの高い投資商品を、あたかも自分の意思で判断したかのようにして買わされてしまう恐れがあることには、注意しておいたほうがいいかもしれません。あるいはFXへの誘導にも注意が必要です。特に最近はオンラインセミナーなども活発に行われているようなので、そこでの内容を聞いてその気になってしまうことも、十分に考えられます。

投資は人の判断に乗って行うものではありません。第三者からもたらされる情報に乗せられることなく、あくまでも自分の判断で行うべきです。

【心得その4】退職金はご褒美ではないことをしっかり認識する

「定年になって退職金が出たら何がしたいですか？」と定年間際《まぎわ》の人に質問すると、「夫婦で海外旅行に出かける」とか「住宅ローンの残債《ざんさい》があるから、それを返済する」といった答えが返ってくることがよくあります。

退職金は、長年、会社に貢献してきたことに対する報償というイメージが強く、実際に退職金を受け取った人たちも、「これまで頑張ってきたんだから、少しくらい贅沢《ぜいたく》をしよう」と思っているようです。

でも、この考え方は改めたほうがいいでしょう。

そもそも、退職金制度がなかったら、皆さんが現役時代に得ていた給料は、もっと高かったかもしれません。退職金は、いうなれば毎月の給料の先送りです。

要するに「今の仕事は大変だけれども、あと10年も頑張れば定年で退職金が受け取れるから、それまで我慢して働こう」という気持ちにさせるのが退職金制度なのです。

本当なら毎月、もっと多めの給料が受け取れたはずなのに、会社に対する忠誠心を持ってもらいたいがために給料の一部を先送りされているだけですから、これはご褒美でも何でもありません。定年までに受け取れるはずだった給料の一部に過ぎないのです。そういう気持ちを強く持っていないと、退職金を無駄に使ってしまうことになります。

豪華客船で世界一周なんていうのも愚《ぐ》の骨頂《こっちょう》ですが、特に**退職金で避けてほしいことは、やはり住宅ローンの一括返済**でしょう。

これは日本人の気質なのかもしれませんが、極端に借金を嫌がる傾向があります。特に住宅ローンを組んで持ち家を購入した人たちは、定年になった時点でも住宅ローンの残債を抱えていることに対して、かなりの不安を抱いているようです。その結果、定年後の生活を支える大事な生活費の一部になる退職金を全額、住宅ローンの一括返済に回してしまったりするのです。

でも、よく考えてみてください。これだけ超低金利が長期化した今の日本で、高い住宅ローン金利を払っている人は、恐らくほとんどいないでしょう。かつては変動金利型住宅ローンで年8％超の金利を付けていることもありましたが、それは1991年頃の、高金利時代の話です。

その後、デフレ経済の到来とともに、日本の金利はどんどん低下していきました。2007〜08年にかけて、一瞬、住宅ローン金利は上昇したものの、基本的に2000年代に入って以降、住宅ローン金利は低金利のまま、横ばいが続いてきました。今、住宅ローンを抱えている人たちが支払っている金利は、1・5〜2％程度のものでしょう。

だとしたら、この住宅ローンの残債を退職金ですべて完済《かんさい》する意味があるのかどうか、冷静に考える必要があります。

たとえば、住宅ローンで支払っている金利が年2%だとしましょう。一方、国内外の株式や債券に分散投資するバランス型投資信託の期待リターンを年4%程度と考えてみます。

では、退職金で2000万円のキャッシュがあった場合、その2000万円で住宅ローンを完済し、年2%の金利負担を解消するのが得なのか、それとも年2%の金利は払い続けるけれども、一方で年4%の期待リターンが得られるバランス型投資信託で運用し続けるのが得なのか、よく考えてみてください。

しかも、住宅ローンを組む場合は、大概、団体信用生命保険(団信保険)に加入して、債務者が亡くなった場合、住宅ローンの残債はこの保険金によって完済される仕組みになっています。

定年時に住宅ローンが残っていたからといって、それほど心配する必要はありません。だから、**定年後の生活費として大切な退職金を、目先の心理的な負担感を軽減させるために、住宅ローンの返済に回さないようにしてください。**

退職金を有効活用すれば資産形成は簡単にできる

退職金は老後の大事な生活費です。自分の身体を動かして働くのが困難になり、本当の意味で貯蓄の取り崩しが必要になるまでは、使ってしまわないようにしてください。そのうえで、仮に退職金を60歳で受け取ったならば、それを65歳までの5年間か、70歳までの10年間をかけて積立投資していきましょう。

厚生労働省の「賃金事情等総合調査」（2021年）によると、「大学卒、事務・技術労働者、総合職相当」の人が大企業に38年間勤務して定年退職を迎えた時に得られるモデル退職金は2528万円です。2000万円超ものお金を一時金で得られるのは、老後の資産形成をするうえで大いなる励《はげ》みになるでしょう。

ただし、この金額はあくまでも「大企業」が前提であることには注意してください。東京都産業労働局の「中小企業の賃金・退職金事情」（2022年版）によると、大卒の人が定年退職を迎えた時に得られるモデル退職金の額は1092万円です。

図6-1 50歳から毎月5万円を積み立てて、新NISAをフル活用する例

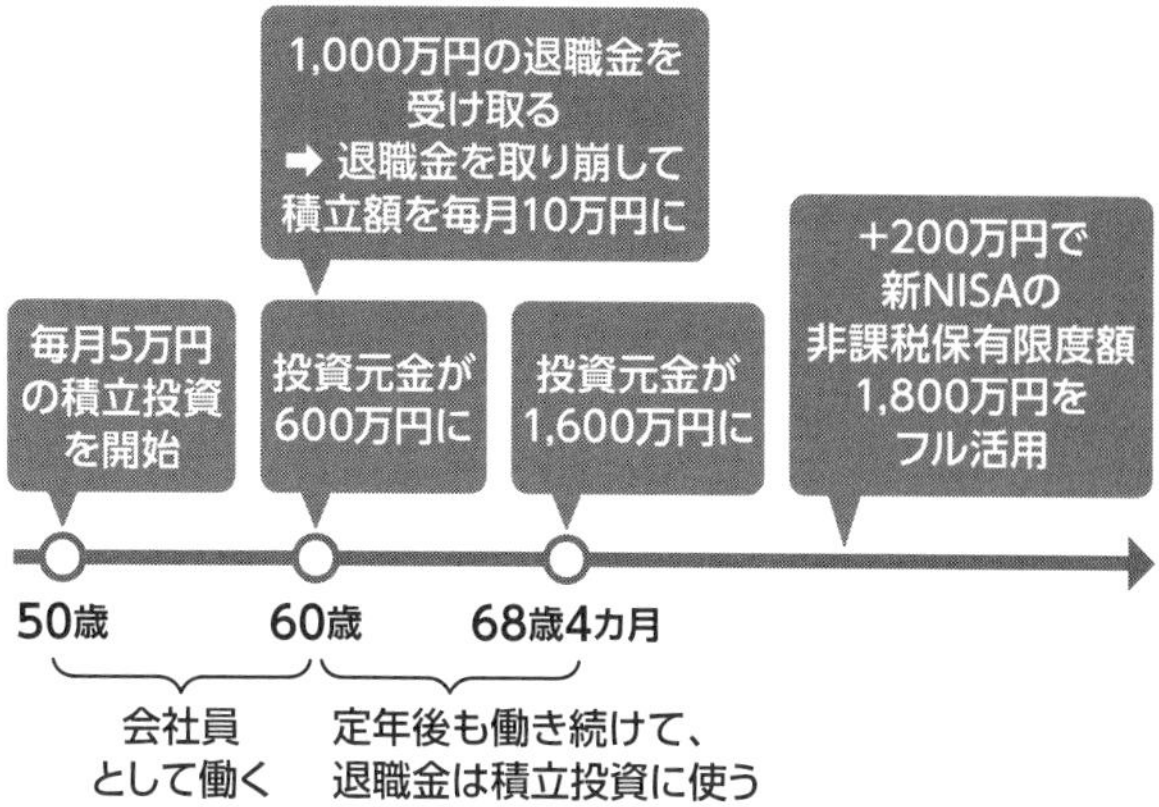

1,000万円の退職金を受け取る
➡ 退職金を取り崩して積立額を毎月10万円に
毎月5万円の積立投資を開始
投資元金が600万円に
投資元金が1,600万円に
+200万円で新NISAの非課税保有限度額1,800万円をフル活用
50歳
60歳
68歳4カ月
会社員として働く
定年後も働き続けて、退職金は積立投資に使う

それでも、一時的にまとまった金額の現金が得られるのは、老後の資産形成をするうえで心強い限りです。これを有効活用できるかどうかで、資産形成の効率が大きく変わってきます。

たとえば50歳から毎月5万円ずつ積立投資を行うとします。すると、60歳の時点では、10年間積み立てたので、積立元本が600万円になります。そして、60歳の時に退職金を1000万円受け取れたとしたら、以後、退職金から毎月10万円ずつ取り崩して積立投資をしていくのです。すると、8年と4カ月間で1000万円すべてを積立投資に回せます。68歳と4カ月を迎える時点で1600万円の投資元金ができることになります。新NISAの非課税保有限度額は1800万円なので、この時点でまだ200万円の枠が残っています。
そして、60歳以降も働き続けていれば、働いて稼いだお金は投資に回さずに済んでいるので、派手な生活さえしなければ、いくばくかの貯蓄もできているでしょう。そこからさらに200万円を投資に回せば、新NISAの非課税保有限度額を満たすことができます。

【心得その5】とにかく働いてキャッシュを得る

退職金の額が少ない、あるいは退職金がない場合、老後の生活水準はかなり厳しいものになります。前出の東京都産業労働局の「中小企業の賃金・退職金事情」(2022年版)によると、退職金制度ありと答えた企業の割合は、全集計企業に対して71・5%です。ということは、東京都の場合、28・5%の中小企業には退職金制度がない、ということになります。

退職金があれば、それを受け取った時点で1000万〜2000万円を運用原資に加算できるため、老後の資産形成を有利に進めることができます。

でも、そこまで退職金が出ない、あるいは退職金そのものがないという場合は、他の方法でお金を得る必要があります。

そこで、人それぞれの価値観にもよりますが、やはり**70歳くらいまでは働くつもりでいる**ことが大事なのではないかと思います。

あくまでも平均での話ですが、前述したように、病気やケガなどの体調不良に悩まされることなく、健康な生活を送ることのできる健康寿命は、厚生労働省の発表によると、2019年で男性が72・68歳、女性が75・38歳です。最低限でもそこまでは積立投資による資産形成をするのはもちろん、同時に、働くことによって現金収入を得る。そして、**働いて得たお金のなかから少しでも多くのお金を積立投資に回す。**そうすることによって、より大きな老後資産形成が可能になります。

もちろん、前項で挙げた例のように、退職金がもらえる場合でも、定年後も働いて、その収入の一部を積立投資に回せば、資産をさらに大きくできます。

高齢になっても仕事があるのか、心配になる人もいるでしょう。

心配には及びません。仕事はたくさんあります。

今から10年も経つと、間違いなく日本の労働力人口は大幅に減少します。現役の働き手が大きく減少してしまうのです。高齢者にとっては働く機会が増えることになります。

恐らく、これからは70歳定年が当たり前になるでしょう。勤めている会社が70歳定年制なら、そこまで働けばいいと思います。

あるいは、雇用延長で収入が激減するのを避けたいのであれば、雇用延長になる手前の60歳まではある程度の給料をもらって働き、その後、自分の持っているスキルを活用して転職するというのもアリです。70歳定年制が当たり前になるのと同じように、60歳で転職活動をするというのも自然に受け入れられていくのではないかと思います。

「定年を迎えたら積立は終わり」ではもったいない

ありがちなのは、自分が現役で働いているうちは積立投資をするものの、定年退職を迎えると給料という定期収入が入ってこなくなるので、その途端《とたん》に積立投資をやめてしまうことです。そして、せっかく積み立てた投資資金を取り崩してしまうのです。

これは非常に残念な行動です。大事なのは、少額ずつでもいいので、長く積立投資を続けることです。そうすることによって、時間分散効果や再投資効果が得られるのです。


これからの時代は、公的年金の受給額が減らされたり、医療費負担が増やされたり、あるいはインフレで生活レベルが低下したりするリスクが想定されるので、運用を継続しておいたほうが、こうしたリスクから大事な資産を守ることにつながるのです。

【心得その6】詐欺に引っ掛からないようにする

50歳からの資産形成で絶対に引っ掛かってはいけないのが、投資詐欺《さぎ》です。

投資詐欺に引っ掛かると、託《たく》した資金の大半は戻ってきません。詐欺罪で逮捕され、その会社の資産を差し押さえて現金化し、被害者の持ち分に応じて資金が返還されますが、一般的に分配率は10％にも満たないのが現実だと考えます。せいぜい3～5％程度といったところでしょうか。仮に5％の分配率だったとしても、100万円で購入していたら、5万円しか戻ってきません。退職金など、老後の生活に必要な資金の大半を預けたりしたら、目も当てられません。老後の生活を大幅に見直さなければならなくなるでしょう。

この手の事件に巻き込まれないようにするために、私たちは日頃からどういう点に注意すればいいのでしょうか。それは、投資詐欺の手口を知っておくことでしょう。

最近、よくあるのは、月利でリターンを表示するケースです。月利3〜4％程度を提示して、「100万円を1カ月運用して、3万円程度の利益なら、簡単に儲かりますよ」というのです。

ここで、「そういうものか」と思った人は注意してください。月利3％を年利に換算すると36％にもなります。年36％ものリターンを挙げるとなると、これは相当程度、リスクの高い案件になります。そうであるにもかかわらず、投資詐欺を行う人たちは「元本の安全性も確保されていますから」などというのです。

もう、この時点で怪しいと思わなければなりません。

「元本が安全で高利回り」という甘言《かんげん》に騙《だま》されないようにするためには、マーケットで形成されている金利水準を把握しておくことです。

日本で最も元本の安全性が高いのは、日本政府が発行している日本国債です。償還期間が10年の長期国債は債券市場で自由に売買されており、そこで形成されている利回りが、元本割れしない金融商品で運用した場合に得られる金利の指標になるといっていいでしょう。

ちなみに、2023年4月7日時点で年0・462%です。元本の安全性を重視した運用を行って得られるリターンが年0・45%前後ということですから、前出のように月利で3%、年利で36%などという運用は成り立つわけがないのです。

しかし、それでも「ひょっとしたらそういう話もあるかもしれない」と思い込ませるようなアイデアを、彼らは持っています。そのひとつが、複雑怪奇な仕組みの商品です。「海外のヘッジファンドやプライベートバンクで運用します」「タックスヘイブンに設立したSPCを通じて暗号資産やFXで運用します」などといわれて、すぐに仕組みを理解できる人はいないでしょう。

「海外のヘッジファンドやプライベートバンクが運用する」といわれて、その場所がルクセンブルグやバハマ、ケイマン諸島といった、日本から遠く離れた場所になると、わざわざ現地まで行って、実在するのかどうかを確認することもできません。

結果、「まあ、そういう話もあるのかもしれない」などと思い込まされてしまい、詐欺に引っ掛かってしまうのです。


さらにいうと、この手の詐欺話に信憑《しんぴょう》性を持たせるため、芸能人やスポーツ選手といった有名人・著名人を広告塔にする手法も、よく用いられています。顧客を集めたパーティ、会員向けに発行される冊子の表紙、あるいは冊子でのインタビュー記事などに有名人・著名人が登場することで、「この人が出ているのだから、きっと大丈夫だろう」という気にさせるのです。

また、最近の傾向としては、お茶の間の誰もが知っている有名人ではなく、元中央省庁の役人、弁護士や公認会計士などといった、世間的に高い信用を得ている人たちが、詐欺業者のアドバイザーに起用されているケースも見られます。

資産所得倍増プランの裏側で深刻化する投資詐欺

資産所得倍増プランは、国として個人の資産運用を支援していこうという話ですが、この手の話が出てくると、投資詐欺が増えるのではないかと心配しています。

もうだいぶ昔の話になりますが、1998年、改正外為法《がいためほう》の施行をはじめとした「金融ビッグバン」が行われた時も、投資詐欺が増えたと記憶しています。

改正外為法の施行では、個人でも海外の銀行に口座が開設できるとか、外貨の両替《りょうがえ》が自由化されるとか、あるいは海外の証券会社と直接取引ができるとか、主に海外投資に関わる部分での自由化が促進されました。その動きに乗じて、海外のヘッジファンドやプライベートバンク、タックスヘイブン、海外投資信託といった言葉を用いた投資詐欺が、2001年くらいにかけて急増しました。「国が政策として海外投資を促進させようとしています。これを機に海外のプライベートバンクにお金を預けてみませんか」といった話を持ち出して騙したのです。

資産所得倍増プラン自体は、決して悪いことではありません。これによって誕生する新NISAは、必ずや個人の資産形成に役立つはずです。だから、資産所得倍増プランに罪はないのですが、世の中には、こうした動きに乗じて悪事を働こうとする不届き者が少なからず存在します。

実際、昨年あたりから、詐欺的な投資商品を勧めた業者が、その投資商品を購入した人たちから訴訟を起こされたり、なかには検挙されたりした事案も複数、ニュースなどで報じられています。

毎年どのくらいの人たちが投資詐欺に引っ掛かっているのかについては、警察庁のデータを見るとすぐに分かります。「警察庁　生活経済事犯」で検索してみてください。生活経済事犯とは、利殖《りしょく》勧誘事犯や特定商取引等事犯、ヤミ金融事犯など、私たちが日常生活を送るなかで直面するリスクのある犯罪のことです。その被害額などの統計が、警察庁のホームページに掲載されています。

さまざまな事件の項目のうち「利殖勧誘事犯」が投資詐欺に該当します。２０２２年の被害額は157億1050万円で、前年の1110億1857万円に比べて大幅減になっています。ただ、1件あたりの被害金額が大きな詐欺があると一気に増えるので、被害金額の多寡のみで、被害件数が増えているのかどうかの傾向を把握するのは困難です。

そこで、利殖勧誘事犯の相談受理件数を見ると、2018年は1330件でしたが、2022年は2584件と、大幅に増えています。相談受理件数とは、投資詐欺に遭《あ》ったと思った人たちが警察に相談した件数です。それが右肩上がりで増加しているのは、それだけ投資詐欺に遭ったことを自覚している人が増えていることを意味します。この数字の増え方を見る限り、やはり投資詐欺はここ数年で増加傾向にあるのではないかと推測できます。

「老後2000万円問題」で若い人も投資詐欺の被害に？

投資詐欺の最近の傾向として、ひとつ気になる点があります。

かつては、この手の詐欺に巻き込まれるのは高齢者が中心と相場が決まっていたのですが、利殖勧誘事犯の相談当事者の年齢別構成比を見ると、**投資詐欺に引っ掛かるのは必ず**

しも高齢者だけではなくなっていることが分かります。

2016年の年齢別構成比を見ると60歳以上が66・9%を占めていたのですが、2022年にはこの年齢層の構成比が25・8%まで減る一方、40歳代以下の相談件数が、16・1%から50・8%に増えているのです。

特に40歳代以下の年齢別構成比が急増したのが、2020年でした。2018年が39・0%、2019年が44・3%だったのが、2020年には55・8%まで上昇しています。

この数字を見ると、恐らく老後資金に対する不安感の表れなのではないかと考えられます。あくまでも憶測《おくそく》ですが、2019年6月に、金融審議会「市場ワーキング・グループ」の報告書の一部を切り取って、メディアが「老後2000万円が不足する」と大騒ぎした結果炎上した「老後2000万円問題」が背景にあるような気がしてなりません。これによって比較的年齢の若い人たちが「ひょっとしたら自分たちの老後ってやばくない?」などと考えるようになり、思わずこの手の投資詐欺に手を出してしまったのではないかなどと憂慮《ゆうりょ》しています。

とにかく、投資詐欺は、一度手を出してしまったら、お金は戻ってきません。この点をしっかり頭に入れて、ワケの分からない投資会社が勧めるような投資商品には手を出さないようにしてください。

【心得その7】「退職金プラン」は使わない

銀行が定年退職者向けサービスとして勧めているのが「退職金プラン」です。具体的には、預金と投資信託を組み合わせたセット商品です。

たとえば1000万円の資金を運用するなら、リスクが大きくならないように、定期預金で500万円、投資信託で500万円というように分散して預け入れ、定期預金部分については当初は年7％の特別金利が適用される、といった類のプランです。

「年7％の特別金利」などといわれると、とても有利なプランであるように思えてくるのではないでしょうか。

しかし、この退職金プランには落とし穴があります。

まず、年7％の特別金利ですが、これはあくまでも3カ月もの定期預金の「当初預入期間のみの適用」になるということです。

500万円を年7%で運用すると、

500万円×7%＝35万円

というのが、1年間の運用で得られる利息ですが、年7%の特別金利が適用されるのは3カ月間だけなので、実際に得られる利息は、

500万円×7%×（3カ月÷12カ月）＝8万7500円

だけです。

それでも3カ月間で8万円超の利息が得られるのだから十分だという声も聞こえてきそうですが、ここにもうひとつの落とし穴があります。何と、この8万7500円が綺麗《きれい》さっぱりなくなってしまうのです。

なぜそんなことが起こるのかというと、1000万円のうち残り500万円で投資信託

を購入しなければならないからです。

このプランの商品要項を細かく読むと「対象外となる投資信託があります。また、投資信託を無手数料で購入した場合や、テレフォンバンキング、インターネットバンキングで投資信託を購入した場合も対象外となります」などと書いてあります。

何がいいたいのかというと、**しっかり購入時手数料のかかる投資信託を買ってもらわないと、金利の優遇はしませんよ**、ということです。

では、どのくらいの手数料を取られるのでしょうか。

たとえば、このプランを扱っているある銀行が販売している投資信託のなかから、世界中の株式に厳選投資するアクティブ型投資信託を例に挙げてみましょう。

この投資信託の購入時手数料は、購入金額が1000万円以下の場合、税抜きで3％です。したがって、この投資信託を500万円分購入したとすると、購入時手数料の金額は、

500万円×3％＝15万円（税抜き）

になります。つまり、この銀行は、退職金プランの特別金利で、通常の金利に比べて8万6000円も多い利息を支払ったとしても、セットで販売した投資信託から15万円の手数料を受け取ることができるのです。結果、差し引きで6万4000円の儲けになります。

しかも、銀行が稼げる収益は購入時手数料だけではありません。このケースでは、信託報酬が年1・13％（税抜き）課せられます。

信託報酬は投資信託の純資産総額に対してかかるものなので、仮に500万円で純資産総額が変動しなかったとすると、徴収される信託報酬は年間5万6500円になります。販売金融機関である銀行は、通常、運用管理費用の半分程度を受け取るのが業界慣習なので、この5万6500円がまるまる銀行の儲けになるわけではありませんが、プランの利用者からすると、当初1年間でかかる購入時手数料と信託報酬の合計額は、500万円に対して20万6500円（税抜き）にもなるのです。

これでは、いくら定期預金の特別金利で8万7500円の利息が受け取れたとしても、到底ペイするものではありません。

正直、退職金プランのどこが利用者にとってメリットなのか、さっぱり分かりません。
「退職金プラン」という一見、便利そうな言葉に騙されてはいけません。

おわりに

岸田内閣が打ち出した資産所得倍増プランは、NISA制度の抜本的拡充というスローガン通り、新NISA制度への昇華というかたちで政治的公約を果たしたと言えましょう。

岸田政権が取り組む「新しい資本主義」のメインストリームは、産業界の再活性化により、そこに従事する国民の勤労所得を引き上げることに主眼を置いています。そこに併《あわ》せて、2024年から実施される新NISA制度を広くあまねく生活者レベルに普及させることによって、四半世紀におよぶゼロ金利で胎蔵《たいぞう》されてきた1000兆円超の個人預貯金が真っ当な長期投資に置き換わることで新たな富を生み出す。これが岸田首相の示された資産所得（金融所得）になるわけです。

21世紀に入り日本経済は世界の経済成長軌道から取り残されて、マクロ経済が成長できないために国民所得はジリ貧が続きました。全体の所得が増えないが故《ゆえ》に消費は低迷。商売は値下げしての購買喚起に向かわざるを得ず、恒常的なデフレ状況に陥ってしまったわけです。所得が増えずとも、モノやサービスの値段が下がれば、経済的豊かさの劣化への実感が和《やわ》らぐため、日本の生活者はそこに無頓着《むとんちゃく》でしたが、デフレ病で日本経済が低迷している間、世界全体は巡航速度で経済成長を持続させていました。諸外国の所得も相応に増加を続ける中で、今に至って国民の豊かさを示す指標である「一人あたりＧＤＰ」で日本は台湾や韓国に追い付かれようとしています。「安いニッポン」が定番となって、外国人観光客が押し寄せる状況は、私たち日本の生活者の相対的窮乏化の証左なのです。

　新ＮＩＳＡ制度は、そうした縮む日本社会からの抜本的転換を期して構築された、重要な国家戦略だと理解してください。

　生活者がこぞって長期投資でお金が育っていく体験知を共有できれば、私たちは今度こそ気持ちよく、成熟社会にふさわしい高度な消費を楽しむようになる。そのムーブメントは国内産業界を活性化させ、日本経済の成長軌道を再起させる原動力となって、勤労所得も増加するとともに、長期投資で育つ金融所得とのダブル増のスパイラルも享受できるようになるはずです。

　私たちひとりひとりが行動を開始することで、日本社会の将来も明るくできる！　そんな想いも込めて、ひとりでも多くの生活者が真っ当な長期投資家になっていくことを、心より熱望しております。

最後に、本書の制作に尽力してくださった友人のジャーナリスト鈴木雅光さんと、本書の出版の機会をくださったＰＨＰ研究所編集者の岸正一郎さんに心より感謝申し上げます。

ご留意事項

- 本書のグラフ・数値などは過去の実績・状況であり、将来の市場環境などや運用成果などを示唆・保証するものではありません。
- 本書のなかで記載されている内容、数値、図表などは、特に記載のない限り、作成時のものであり、今後変更されることがあります。
- 積立による購入は将来における収益の保証や、基準価額下落時における損失を防止するものではありません。また、値動きによっては、積立よりも一括による購入のほうが結果的に有利になる場合もあります。
- 本書に記載の内容は著者個人の見解であり、所属する組織の見解ではありません。

■本書に記載されている投資信託に関する情報は、金融商品取引法に基づく開示書類ではありません。投資信託は値動きのある有価証券などに投資しますので基準価額は変動します。また、銘柄ごとに設定された信託報酬などの費用がかかります。各投資信託のリスク、費用については投資信託説明書（交付目論見書）に詳しく記載されております。お申込にあたっては販売会社からお渡しする投資信託説明書（交付目論見書）の内容を必ずご確認のうえ、ご自身でご判断ください。
■本書は情報提供のみを目的として作成されたものであり、特定の取引、商品の勧誘を目的にしたものではありません。また、信頼できると判断した情報等に基づき作成しておりますが、その正確性・完全性を保証するものではありません。
■本書は、売買の推奨、および投資助言を意図したものではありません。また、本書に掲げた情報を利用されたことによって生じたいかなる損害につきましても、著者および出版社はその責任を負いかねます。投資対象および商品の選択など、投資に関わる最終決定は、くれぐれもご自身の判断で行っていただきますよう、お願い申し上げます。

編集協力——鈴木雅光
図版作成——桜井勝志

PHP
Business Shinsho

中野 晴啓（なかの・はるひろ）
なかのアセットマネジメント株式会社代表取締役社長
1987年、明治大学商学部卒業。セゾングループの金融子会社にて債券ポートフォリオを中心に資金運用業務に従事した後、2006年、セゾン投信株式会社を設立。2007年4月に代表取締役社長、2020年6月に代表取締役会長CEOに就任。2023年6月にセゾン投信を退任後、2023年9月1日、なかのアセットマネジメントを設立。
全国各地で講演やセミナーを行い、社会を元気にする活動とともに、積立による資産形成を広く説き「つみたて王子」と呼ばれる。
公益社団法人経済同友会幹事の他、投資信託協会副会長、金融審議会市場ワーキング・グループ委員などを歴任。
著書に『新 NISA はこの 9 本から選びなさい』（ダイヤモンド社）他、多数。

PHPビジネス新書 460

1冊でまるわかり
50歳からの新NISA活用法

2023年6月29日　第1版第1刷発行
2024年3月7日　第1版第10刷発行

著　者　中野晴啓
発行者　永田貴之
発行所　株式会社ＰＨＰ研究所
東京本部　〒135-8137　江東区豊洲5-6-52
ビジネス・教養出版部　☎03-3520-9619（編集）
普及部　☎03-3520-9630（販売）
京都本部　〒601-8411　京都市南区西九条北ノ内町11
PHP INTERFACE　https://www.php.co.jp/
装幀・装画　齋藤　稔（株式会社ジーラム）
組　版　有限会社エヴリ・シンク
印刷所　株式会社光邦
製本所　東京美術紙工協業組合

ISBN978-4-569-85498-4

「ＰＨＰビジネス新書」発刊にあたって

わからないことがあったら「インターネット」で何でも一発で調べられる時代。本という形でビジネスの知識を提供することに何の意味があるのか……その一つの答えとして「**血の通った実務書**」というコンセプトを提案させていただくのが本シリーズです。

経営知識やスキルといった、誰が語っても同じに思えるものでも、ビジネス界の第一線で活躍する人の語る言葉には、独特の迫力があります。そんな、「**現場を知る人が本音で語る**」知識を、ビジネスのあらゆる分野においてご提供していきたいと思っております。

本シリーズのシンボルマークは、理屈よりも実用性を重んじた古代ローマ人のイメージです。彼らが残した知識のように、本書の内容が永きにわたって皆様のビジネスのお役に立ち続けることを願っております。

二〇〇六年四月

ＰＨＰ研究所